JN194652

死海文書

IX

儀礼文書

上村 静 訳

ぷねうま舎

死海文書翻訳委員会

松田伊作
・勝村弘也
・守屋彰夫
・月本昭男
山我哲雄
阿部　望
・上村　静
山吉智久
加藤哲平
里内勝己
（・＝編集委員）

序にかえて　死海文書とは何か

一　巻物の発見

最初の七文書

一九四六年から四七年にいたる冬のある日、死海に近いユダの荒野で羊飼いが、一匹の羊が迷い込んだ洞穴に石を投げ込んだ。すると、奇妙な音がする。洞穴に入ってみると、細長い大壺が置かれており、その中には巻物が収められていた。死海文書発見譚として広まった逸話である。逸話はさらに続く。

羊飼いの少年が発見した巻物は七点。そのうちの四点は、ベツレヘムの古物商カンドー（通称）を介して、シリア正教会のエルサレム大主教が買い取った。大主教からこれを見せられ、その価値を知ったヘブライ大学教授E・スケーニクは、一九四七年末から四八年初頭にかけて、イスラエル国家創設直前の内戦状態のさなか、ベツレヘムに赴き、別の古物商が売りに出していた巻物三点を購入した。大司教が買い取った四点のほうは、エルサレムから密かに持ち出され、一九五四年にアメリカで売りに出された。アメリカに滞在していたスケーニクの息子Y・ヤディンが、たまたまその新聞広告に眼をとめ、それらを購入して、イスラエルに持ち帰った。

スケーニクが入手した文書は、後に『戦いの巻物』（1QM）と『感謝の詩篇』（$1QH^{a}$）と呼ばれるようになる二点、それに『イザヤ書』の写本B（$1QIsa^{b}$）であった。これらは一九五四年に公刊された。ヤディンがイスラエルに持ち帰った四点は、ほぼ完全な『イザヤ書』の写本（$1QIsa^{a}$）、『ハバクク書ペシェル』（1QpHab）、『共同体の規則』（1QS）、『創世記アポクリュフォン』（1QapGen）である。これらは売りに出される前に、エルサレムのアメリカ・オリエント研究所（現・オルブライト考古学研究所）で写真に収められ、『イザヤ書』写本と『ハバクク書ペシェル』は一九五一年に、『共同体の規則』は五二年に同研究所から公刊されていた。

洞穴調査

七つの巻物が専門家の間に知られはじめた一九四九年、これらが発見された洞穴が突き止められ、さらに数十点の巻物の断片が発見された。そこで、付近の洞穴も調査の対象になった。調査の中心的な役割を担ったのは、エルサレム・フランス聖書・考古学研究所所長であったドミニコ修道会司祭R・ドゥ・ヴォーであった。アメリカ・オリエント研究所もこの調査に加わった。

その結果、一九五二年から五六年にかけて、都合十一の洞穴から膨大な数の文書断片が発見された。なかでも第四洞穴で発見された大小の断片は、文書数にして、五百七十四点にのぼる。もっとも、最初の七つの文書のほかにも、調査以前に牧羊民が洞穴から持ち出した巻物もあった。その一つが第十一洞穴から持ち出された『神殿の巻物』（11Q19-21＝$11QT^{a\text{-}b}$）である。それは、一九六七年六月の「六日戦争」の際、前述したベツレヘムの古物商カンドーから、イスラエル側がなかば強制的に買収した巻物である。こうしたことから、いまだ秘匿されている巻物が存在する、といった噂が絶えない。じじつ、二〇一七年には、文書を盗掘した形跡を残す第十二番目の洞穴が発見されたという。

二　クムラン遺跡の発掘

一九五一年から五六年にかけて、洞穴調査と並行して、洞穴群にごく近いクムラン遺跡の発掘調査が実施され、複数の地下貯水槽を備え、書写室や食堂とみなされる大部屋を持つ大型の複合建造物が発見された。この発掘調査を指揮したのもドゥ・ヴォーであった。遺跡調査は、一九九〇年代以降、イスラエルの考古学者を中心に続いている。

大型複合建造物に関して、ドゥ・ヴォーはそれが使用された時期を三期に区分した。第一期は、少数の人々が居住しはじめた前一四〇年前後から、最初に大型の複合建造物が築造され、使用された最初の一世紀間である。前三一年に起こった地震と火事により、居住はいったん放棄された。ヘロデ大王が没した前四年頃から、ふたたび居住がはじまり、ローマの軍隊によって破壊される後六八年までが第二期である。そして第三期は、その後、ローマ軍兵士が駐屯していた二十年ほどをいう。

第一期と第二期に機能していた大型複合建造物は、宗教的な共同生活を営む施設とみられ、ここで共同生活を営んでいた人々は便宜的に「クムラン教団」などと呼ばれるようになった。彼らは、文書と遺跡が発見された当初から、フラウィウス・ヨセフスやアレクサンドリアのフィロン、さらにはローマの地誌学者（大）プリニウスなどが著作で触れるエッセネ派であったろう、と想定された。ヨセフスが、サドカイ派とファリサイ派に並ぶユダヤ教の一派と報告したエッセネ派は、プリニウスによれば、死海の西岸を居住地としていたからである。

死海文書はその彼らが伝え、書き写した文書であり、ローマ軍による攻撃の直前、それらは近くの洞穴に運びこまれた、と考えられる。一部の研究者はこれに対する異論も提起したが、説得性に富むとはいいがたい。

遺跡の東方また北方では、墓地も発見され、東方の墓地では千百基ほどの墓が確認された。それらは部分的に発掘され、出土する人骨のほとんどは男性であることが判明した。ただし、墓地から離れた墓からはわずかに女性や子どもの人骨も出土する。これらは、クムラン教団の性格を考えるうえで、議論の的とされてきた。エッセネ派は独身男性による共同生活を貫いていた、とプリニウスなどが報告しているからである。

三　死海文書の種類

死海の北西岸の洞穴で発見された文書は、おおまかに、ヘブライ語聖書関連の写本類と、翻訳をとおしてのみ知られていた外典・偽典の原語の写本、これまでまったく知られていなかった古代ユダヤ文献、およびクムラン教団が独自に伝えた文書類とに分けることができる。

聖書写本

最初に発見された七文書中には、すでに述べたように、ほぼ完全な『イザヤ書』の巻物が含まれていた。それまでは、最古の完全なヘブライ語聖書写本は、ユダヤ教マソラ学者が伝え、後一〇〇八年に作成されたレニングラード・コーデックス（サンクト・ペテルブルク、ロシア国立図書館所蔵）であったが、それを千年も遡る聖書写本が発見されたのである。

その後、十一の洞穴から発見された、ヘブライ語聖書写本の断片は、数行、数語が残る程度のものまで含めると、夥しい数にのぼる。推計される聖書写本の数は、多いほうから、『詩篇』三十六点、『申命記』二十九点、『イザヤ書』二十一点と続き、『エズラ記』や『歴代誌』は一点にとどまる。未発見は『ネヘミヤ記』と『エステル記』の二書に限られ、『ネヘミヤ記』が『エズラ記』と同一の巻物に記されていたとすれば、『エステル記』だけが未発見ということになる。

旧約聖書は、周知のように、前二世紀にギリシア語に訳され、「七十人訳」と呼ばれて今日に伝わる。このギリシア語聖書は、多くの箇所において、マソラ学者の伝えるヘブライ語本文とは別の本文を前提にする。サマリア教団も「モーセ五書」を彼らの聖書（「サマリア五書」）として伝えていた。すでに紀元前後、ヘブライ語聖書、ギリシア語訳聖書、サマリア五書という三通りの聖書が併存していたのである。そこに死海のほとりで発見された聖書写本が飛び込んできた。

死海文書中の聖書写本は、細かな表記法を別にすれば、後のマソラ本文と同一もしくはその前段階を示すものが最も多く、聖書写本全体の半ばを越える。それは一方で、旧約聖書のヘブライ語本文が、じつに千年という時間の隔たりを越えて、大きな変更を受けることなく伝えられてきたことを示している。しかし他方で、マソラ本文と七十人訳が意味内容を異にする聖書箇所においては、死海文書が七十人訳のほうを支持する場合も見受けられる。よく知られる事例の一つは『申命記』三二章8節である。

いと高き方が諸民族に嗣業を与え、
人間の子らを分散させたとき、
イスラエルの子らの数にしたがって、
諸国民の境界を定立された。

このマソラ本文に対して、七十人訳は三行目の「イスラエルの子ら」を「神の使いたち」と伝える。それは七十人訳がヘブライ語聖書の「神の子ら」にあてるギリシア語である（ヨブ一6他）。そこで、「神の子らの数にしたがって」を元来の本文とする見解が以前からあったが、第四洞穴から発見された『申命記断片』（4Q37＝4QDeut^{j}）は、じっさいに、そのようなヘブライ語本文の存在を明らかにしたのである。ちなみに、邦訳聖書では、新共同訳、関根正雄訳、フランシスコ会訳がこれを「神の子ら」と変更し、口語訳、新改訳、鈴木佳秀訳（岩波版）は依然「イスラエルの子ら」と訳す。

同様のことは、「苦難の僕の詩」の一節、『イザヤ書』五三章11節についても言いうる。節冒頭のマソラ本文、「彼は彼の魂の苦難から見て」に対して、七十人訳は「彼の魂の苦難から」を前節に結びつけ、「見て」の部分に「光」を補って「光を見せる」と訳したが、死海文書（1QIsa^{a}, 1QIsa^{b}, 4QIsa^{d}）はいずれもこの箇所を「彼は彼の魂の苦難（／災禍）から光を見て」と伝えていたのである。ここからもまた、七十人訳に近いヘブライ語本文が存在していたことがわかる。邦訳聖書では、関根正雄訳とフランシスコ会訳がこれを訳文に反映させた。

これらの事例からだけでも、死海文書中の聖書写本がヘブライ語聖書の本文研究にとっていかに重要か、ということを理解していただけよう。なかでも第十一洞穴で発見された『詩篇』の巻物の一つ（11Q5＝11QPs^{a}）は、『詩篇』の編纂過程を論ずるうえで、必要不可欠な資料である。

旧約聖書外典・偽典および未知の古代ユダヤ文献

クムラン教団はヘブライ語聖書をきわめて重視した。写本の数が多いこと、聖書注解をいくつも残していること、教団文書に聖書からの引用が頻繁にうかがわれること、などからそれがわかる。だが、彼らがこれらを「聖書」と呼んで、これのみに権威をおいたのかどうかは定かでない。旧約聖書「続篇」や「外典・偽典」の写本も彼らは数多く残している。

『続篇』からは、例えば『トビト書』と『ベン・シラの知恵』の写本が知られる。前者はアラム語版とヘブライ語版が、後者はヘブライ語版が残る。外典・偽典類では、エチオピア語で今日に伝わる『エノク書』と『ヨベル書』の写本が大量に発見されている。『エノク書』はアラム語のほかに、第七洞穴からはギリシア語のパピルス断片まで出土した。最初の七つの文書に『創世記アポクリュフォン』（アラム語）が含まれていることは指摘したが、『モーセ・アポクリュフォン』（1Q29 他）をはじめとする、これまでまったく知られていなかった膨大な数の文書が見つかった。そこには、聖書の語り直し、詩篇や賛歌、儀礼文書、知恵文書、魔術文書が含まれている。

クムラン教団がこれらの文書を聖書と区別していたのかどうかという点は、今後の研究にまたねばならないが、「神は言った」とはじまる聖書箇所の引用を一人称で「わたしは言った」と伝える『神殿の巻物』（前述）などは、クムラン教団において、聖書と同等の権威を与えられていた可能性がある。

教団関連文書

死海文書には教団文書も数多く含まれる。『共同体の規則』のような教団組織のあり方や信徒らの日常生活を定めた文書群があり、『ハバクク書ペシェル』をはじめとする独自の聖書注解、独自の宗教儀礼にかかわる文書群、教団の神学思想を表明する文書群等々がそれに加わる。

これらが教団で成立した文書なのか、教団成立以前に遡るのか、という議論は個々の文書に即して進められなければならないが、クムラン教団が残したという意味で、それらすべては広義の教団文書とみなされてよい。そのなかには、十九世紀末に、カイロのシナゴーグの古文書庫（ゲニザ）から発見された『ダマスコ文書』と同一の文書の写本も含まれる。それまでは憶測するほかになかった『ダマスコ文書』の出自や背景が、それによって明らかにされたのである。

四　クムラン教団の特色

このような死海文書からクムラン教団の性格や特色が浮かび上がる。以下、そのいくつかを紹介させていただく。

義の教師

クムラン教団が形成された経緯の詳細は不明である。しかし、『ハバクク書ペシェル』ほかに言及される「義の教師」が教団形成と深く関係していたらしいことは、当初から想定されえた。この人物は「祭司」であったが、彼の敵対者も「邪悪の祭司」と呼ばれている。後者は、政治権力を背景にしてエルサレム神殿の大祭司職を手に入れたハスモン家のヨナタン（前一五二―一四三年、Ｉマカ一〇20参照）か、でなければ彼を継いだシモン（前一四二―一三四年）を指すだろう、と多くの研究者が想定してきた。この推定が正しければ、「義の教師」はそれに異を唱え、律法に則った生活を守ろうとして荒野に出たクムラン教団初期の指導者であったろう。この種の推定は、今日なお、研究者の間にさまざまな議論を呼んではいるが、少なくとも「義の教師」がこの教団の指導的立場にあったことは、律法を遵守し、「義の教師の声に耳を傾ける」者たちの祝福と救済を語る『ダマスコ文書』（CD XX 27-34）などから、明らかであろう。

独身制

クムラン教団はエッセネ派と関連づけられるが、古代の作家たちがエッセネ派について報告しているように、彼らが独身男性のみの教団であったのかどうかの判断はむずかしい。死海文書に教団信徒の結婚を示唆する文言も散見するからである（1Q28a I 8-11, 4Q502 一―三他）。その一方で、『共同体の規則』などは子どもや婦人の存在を前提にしていない。これまでの墓地の調査によれば、出土した男性の人骨は九割を越えている。これらの事実から、少なくともクムラン教団の中核では独身制が保持されていた、と考えられようか。祭司の婚姻を自明とするユダヤ教主流派の伝統に照らせば、それだけでもクムラン教団は特異であった。その点で、エジプトのテラペウタイと呼ばれるユダヤ教の一派と通ずる面をもつ。

太陽暦

クムラン教団における宗教生活は、一年を三百六十四日（一、二月は三十日、三月は三十一日。これを四回反復）とする太陽暦に基づいていた。この暦にしたがえば、毎年、同一祝祭日は同一曜日となり、祝祭日と安息日の関係はつねに一定に保たれる。しかし、祝祭日をめぐって、一年三百五十四日の太陽＝太陰暦に基づくユダヤ教主流派との間にずれが生じることになる。クムラン教団が主流派から分離し、独自に祭儀を守ろうとする理由の一つがここにあった、とまでいわれる所以である。

新しい契約の民

クムラン教団は自分たちを契約共同体と理解した。教団の成員は神の前で契約を立て、命ぜられた掟を守り、あらゆる罪から離れることを誓ったのである（1QS I 16-20他）。旧約聖書は全イスラエルを神に選ばれた契約の民とみるが、クムランの人々は自らをエレミヤが預言した「新しい契約」の民とみなして、現実のイスラエルとは区別した（CD VI 19他）。クムラン教団はその意味で、イエス・キリストにおいて「新しい契約」が成就したと信じた初代のキリスト教徒たちと通ずる面をもつ（Iコリ一一25他）。

終末論

新しい契約共同体として自己を理解したクムラン教団の思想的特色は、その終末論にあるといってよい。彼らの終末論は一種の二元論によって枠づけられていた。彼らは、初期キリスト教徒と同じく（ルカ一六8他）、自分たちを「光の子ら」と呼んで、彼らに敵対する「闇の子ら」と区別した。前者は「真実の霊」によって歩む「義の子ら」、後者は「欺瞞の霊」に迷わされた「欺瞞の子ら」と言い換えられ、両者の間の戦いは、最終的に、「光の子ら」に勝利と救いをもたらし、「闇の子ら」は、彼らの背後に控える悪の権化ベリアルとその使いたちとともに、永遠に滅ぼされるのである。

もっとも、「真実の霊」も「欺瞞の霊」も、人間がそのうちのいずれにしたがって歩むかを明らかにするために造られた、神の被造物であった。その意味で、彼らの二元論はあくまでも、旧約聖書を引き継ぐ絶対神のもとにあり、世界を善神と悪神の抗争の場と捉えるイランの二元論などとは趣きを異にする。

二人のメシア

旧約聖書の「メシア預言」に「メシア」という呼称は用いられることはなかったが、前二世紀頃から、イスラエルを再興する理想の指導者を「メシア」と呼ぶ伝統が定着してゆく。クムラン教団の終末論もメシア待望と切り離しがたく結ばれていた。しかも、彼らは「イスラエルのメシア」と「アロンのメシア」という二人のメシアの到来を待望していた（CD XII 23. XIV 19. 1QS IX 11他）。前者は最後の戦いをとおして「光の子ら」を解放する政治的メシアであり、後者は正しい祭儀を再興する祭司的メシアであった。このような二人のメシア思想は明らかに、『ゼカリヤ書』四章11-14節をふまえている。

新しいエルサレム

このようにして実現する救済の時代を思い描いたとみられるアラム語文書の諸断片は『新しいエルサレム』(2QNJ = 2Q24, 4QNJ$^{a\text{-}b}$ = 4Q554-555 他) と名づけられた。この文書は、『エゼキエル書』四〇—四八章に依拠しつつ、将来のエルサレムの町とその神殿を見取り図風に描き、神殿祭具やそこで行われる儀礼についても詳しく述べてゆく。クムラン教団では、エルサレムから排除されたことと相俟って、聖化されたエルサレムとその神殿の再興が将来に託されたのであろう。原始キリスト教徒たちも同じく「新しいエルサレム」を構想したが、それは悪の勢力が永遠の滅びに堕とされた後の「天上のエルサレム」であった(黙二一9以下)。

五　クムラン教団と新約聖書

一九九〇年代はじめ、第四洞穴で発見された死海文書が公刊されないのは、キリスト教成立にかかわる「不都合な真実」をカトリック教会が隠そうとしているからではないか、といった憶測が世界中に流れた。だが、すべての死海文書が公刊された現在、そうした憶測は根拠を失った。死海文書の中にイエスの宣教活動を示唆する文言は存在せず、初代キリスト教会がクムラン教団と直接的な接触をもった形跡もなかったからである。にもかかわらず、いまなお、クムラン教団とキリスト教の比較研究に関心が寄せられるのは、なぜであろうか。

前述したように、紀元六八年、ローマ軍の攻撃の前にクムラン教団の施設は壊滅した。他方、紀元三〇年前後に成立したキリスト教の指導的立場にあったエルサレム教会は、ローマ軍による攻撃の直前、エルサレムからヨルダン河東岸のペラに移動したと伝えられる。それは、これら二つの教団が紀元後一世紀中葉のほぼ四十年にわたるユダヤの歴史をともに体験していた事実を物語る。

両者は、前述した「新しい契約」「光の子」「新しいエルサレム」をはじめとする多くの思想を共有していた。当時のユダヤ教主流派に対して、批判的な距離をおいた点でも共通していた。ところが、一方は歴史から姿を消し、他方は世界宗教への道を歩みはじめたのである。同じユダヤ教に発する二つの宗教運動の、このきわだった対照性は何に起因するのか。一方に消滅の道をたどらせ、他方に世界宗教への展開を促した要因はどこにあったのか。死海文書の研究は、そのような宗教史上の課題を負っているのであり、古代ユダヤ教の特殊な宗教集団の一事例研究にとどまらない。それは、最初期のキリスト教の展開を跡づける綿密な新約聖書研究とも密接な関係にある。

死海文書は現時点で八百余りの文書を数えるが、そのうち二百本を超えるものが聖書写本と同定されている。本「死海文書」シリーズでは、聖書写本以外の約六百文書のうち、ある程度意味を成す分量の文章が残っているものすべてを訳出する。また、『ダマスコ文書』についてはカイロ・ゲニザから発見されたものを、さらにクムラン文書と関連のあるいくつかのマサダ出土の写本についても必要に応じて訳出した。

本企画は、右のような人類宗教史の一断面に触れる資料を提供することを願って、ここに公刊される。

死海文書編集委員
月本昭男
勝村弘也
守屋彰夫
上村　静

旧約・新約聖書略号表

旧約聖書

創	創世記
出	出エジプト記
レビ	レビ記
民	民数記
申	申命記
ヨシ	ヨシュア記
士	士師記
ルツ	ルツ記
サム上	サムエル記上
サム下	サムエル記下
王上	列王記上
王下	列王記下
代上	歴代誌上
代下	歴代誌下
エズ	エズラ記
ネへ	ネへミヤ記
エス	エステル記
ヨブ	ヨブ記
詩	詩篇
箴	箴言
コヘ	コーヘレト書／コヘレトの言葉
雅	雅歌
イザ	イザヤ書
エレ	エレミヤ書
哀	哀歌
エゼ	エゼキエル書
ダニ	ダニエル書
ホセ	ホセア書
ヨエ	ヨエル書
アモ	アモス書
オバ	オバデヤ書
ヨナ	ヨナ書
ミカ	ミカ書
ナホ	ナホム書
ハバ	ハバクク書
ゼファ	ゼファニヤ書
ハガ	ハガイ書
ゼカ	ゼカリヤ書

マラ　マラキ書

新約聖書

マコ　マルコ福音書／マルコによる福音書
マタ　マタイ福音書／マタイによる福音書
ルカ　ルカ福音書／ルカによる福音書
使　使徒行伝
ヨハ　ヨハネ福音書／ヨハネによる福音書
Iヨハ　Iヨハネ書／ヨハネの第一の手紙
IIヨハ　IIヨハネ書／ヨハネの第二の手紙
IIIヨハ　IIIヨハネ書／ヨハネの第三の手紙
ロマ　ロマ書／ローマ人への手紙
Iコリ　Iコリント書／コリント人への第一の手紙
IIコリ　IIコリント書／コリント人への第二の手紙
ガラ　ガラテヤ書／ガラテヤ人への手紙
フィリ　フィリピ書／フィリピ人への手紙
Iテサ　Iテサロニケ書／テサロニケ人への第一の手紙
フィレ　フィレモン書／フィレモンへの手紙
エフェ　エフェソ書／エフェソ人への手紙
コロ　コロサイ書／コロサイ人への手紙
IIテサ　IIテサロニケ書／テサロニケ人への第二の手紙
Iテモ　Iテモテ書／テモテへの第一の手紙
IIテモ　IIテモテ書／テモテへの第二の手紙
テト　テトス書／テトスへの手紙
ヘブ　ヘブル書／ヘブル人への手紙
ヤコ　ヤコブ書／ヤコブの手紙
Iペト　Iペトロ書／ペトロの第一の手紙
IIペト　IIペトロ書／ペトロの第二の手紙
ユダ　ユダ書／ユダの手紙
黙　黙示録／ヨハネの黙示録

聖書外典偽典略号表

旧約外典

Iエズ　第一エズラ記
Iマカ　第一マカバイ記
IIマカ　第二マカバイ記
トビ　トビト記

ユディト	ユディト記
ソロ知恵	ソロモンの知恵
ベン・シラ	ベン・シラの知恵
バルク	バルク書
エレ手紙	エレミヤの手紙
マナセ	マナセの祈り
ダニ付	ダニエル書への付加
スザンナ	スザンナ
三人の祈り	アザリヤの祈りと燃える炉の中の三人の祈り
ベル	バビロンのベルとバビロンの龍
エス付	エステル記への付加

旧約偽典

アリステ	アリステアスの手紙
Ⅲマカ	第三マカバイ記
Ⅳマカ	第四マカバイ記
シビュラ	シビュラの託宣
スラヴ・エノク	スラヴ語エノク書
ヨベ	ヨベル書
ヨセ・アセ	ヨセフとアセナテ
エチ・エノク	エチオピア語エノク書
アブ遺	アブラハムの遺訓
ヨブ遺	ヨブの遺訓
十二遺	十二族長の遺訓
ルベ遺	ルベンの遺訓
シメ遺	シメオンの遺訓
レビ遺	レビの遺訓
ユダ遺	ユダの遺訓
イッサ遺	イッサカルの遺訓
ゼブ遺	ゼブルンの遺訓
ダン遺	ダンの遺訓
ナフ遺	ナフタリの遺訓
ガド遺	ガドの遺訓
アシェ遺	アシェルの遺訓
ヨセ遺	ヨセフの遺訓
ベニ遺	ベニヤミンの遺訓
ソロ詩	ソロモンの詩篇
Ⅳエズ	第四エズラ記
エレ余録	エレミヤ余録
シリア・バルク	シリア語バルク黙示録
ギリシア・バルク	ギリシア語バルク黙示録
モセ昇（遺）	モーセの昇天（遺訓）
預言生涯	預言者の生涯
アダ・エバ	アダムとエバの生涯

新約外典

オク・パピ八四〇	オクシリンコス・パピルス八四〇
エジ・パピ二	エジャトン・パピルス二
オク・パピ六五四	オクシリンコス・パピルス六五四
オク・パピ一	オクシリンコス・パピルス一
オク・パピ六五五	オクシリンコス・パピルス六五五
オク・パピ一二二四	オクシリンコス・パピルス一二二四
カイ・パピ一〇七三五	カイロ・パピルス一〇七三五
スト・パピ	ストラスブール・パピルス
ファイ断片	ファイユーム断片
Ⅴエズ	第五エズラ記
Ⅵエズ	第六エズラ記
ナザ福	ナザレ人福音書
エビ福	エビオン人福音書
ヘブ福	ヘブル人福音書
エジ福	エジプト人福音書
ヤコ原福	ヤコブ原福音書
幼時物語	トマスによるイエスの幼時物語
ペト福	ペトロ福音書
ニコ福	ニコデモ福音書
イザ殉	イザヤの殉教と昇天
ラオ手紙	ラオデキア人への手紙
使徒手紙	使徒たちの手紙
Ⅲコリ	コリント人への第三の手紙
往復書簡	セネカとパウロの往復書簡
偽テト	偽テトスの手紙
パウ黙	パウロの黙示録
ロギオン	フリア・ロギオン
ヨハ行	ヨハネ行伝
ペト行	ペトロ行伝
パウ行	パウロ行伝
アン行	アンデレ行伝
トマ行	トマス行伝
ペト宣	ペトロの宣教
ペト黙	ペトロの黙示録
宣教集	ペトロの宣教集
ソロ頌	ソロモンの頌歌

死海文書略号表

＊文書略号を五十音順に列記し、写本整理番号、文書名、および本「死海文書」シリーズの収録分冊を示す。

①＝第1分冊。

悪霊詩（11Q11）	悪霊祓いの詩篇	⑪
アム幻（4Q543-549）	アムラムの幻	⑥
誤る民（4Q306）	誤る民	⑩
アラ遺（4Q580-582, 587）	アラム語遺訓	⑦
アラ箴（4Q569）	アラム語箴言	⑩
安息歌（4Q400-407, 11Q17）	安息日供犠の歌	⑨
イザ・ペ（3Q4; 4Q161-165; 4Q515）	イザヤ書ペシェル	③
エノク（4Q201-202, 204-207, 212; 7Q4; 7Q8; 7Q11-12）	エノク書	⑤
エノシュ（4Q369）	エノシュの祈り	⑥
エリ・アポ（4Q481a）	エリシャ・アポクリュフォン	⑦
エレ・アポA（4Q383）	エレミヤ書アポクリュフォンA	④
エレ・アポB（4Q384）	エレミヤ書アポクリュフォンB	④
エレ・アポC（4Q385a; 4Q387; 4Q387a; 4Q388a; 4Q389; 4Q390）	エレミヤ書アポクリュフォンC	④
改五（4Q364-367）	改訂五書	⑦
会衆（1Q28a; 4Q249a-i）	会衆規定	①
外典哀A（4Q179）	外典哀歌A	⑧
外典哀B（4Q501）	外典哀歌B	⑧
外典詩A-B（4Q380-381）	外典詩篇A-B	⑧
外典詩祈（4Q448）	外典詩篇と祈り	⑧
カテ（4Q177, 178; 4Q182）	カテナ	③
神業（4Q392）	神の諸々の業	⑧
感謝詩（1QH[a], 1Q35; 4Q427-431/471b, 432）	感謝の詩篇	⑧
感謝詩類A（4Q433）	感謝の詩篇類似文書A	⑧
感謝詩類B（4Q433a）	感謝の詩篇類似文書B	⑧
感謝詩類C（4Q440）	感謝の詩篇類似文書C	⑧

感謝詩類Ｄ（4Q440a）	感謝の詩篇類似文書Ｄ	⑧
偽エゼ（4Q385, 385c, 386, 388, 391）	偽エゼキエル書	⑦
規則（5Q13）	規則	①
偽ダニ（4Q243-245）	偽ダニエル書	④
共規（1QS; 4Q255-264; 5Q11）	共同体の規則	①
教訓（1Q26; 4Q415-418, 418a, 418c, 423）	教訓	⑩
教訓類（4Q486, 487）	教訓類似文書	⑩
教訓類Ａ（4Q419）	教訓類似文書Ａ	⑩
教訓類Ｂ（4Q424）	教訓類似文書Ｂ	⑩
（但し、4Q415 は教訓一、4Q416 は教訓二、4Q417 は教訓三、4Q418 は教訓四として示すことがある）		
共セレ（4Q275）	共同体セレモニー	①
巨人（1Q23-24; 2Q26; 4Q203; 4Q530-533; 4Q206 2-3; 6Q8, 14）	巨人の書	⑤
浄め（4Q284）	浄めの儀礼	⑨
浄めＡ（4Q414）	浄めの儀礼Ａ	⑨
浄めＢ（4Q512）	浄めの儀礼Ｂ	⑨
偽ヨベ（4Q225-228）	偽ヨベル	⑤
儀暦（4Q324d-f）	儀礼暦	⑪
寓喩（6Q11）	葡萄の木の寓喩	⑪
月盈（4Q317）	月の盈欠	⑪

結婚儀（4Q502）	結婚儀礼	⑨
ケハ遺（4Q542）	ケハトの遺訓	⑥
賢者（4Q298）	暁の子らに、賢者の言葉	⑩
賢者詩（4Q510-511）	賢者の詩篇	⑪
洪水（4Q370）	洪水に基づく説諭	⑥
光体（4Q504, 506）	光体の言葉	⑨
告白（4Q393）	共同の告白	⑧
五書アポ（4Q368, 377）	五書アポクリュフォン	⑥
祭司預（6Q13）	祭司の預言	⑪
祭日祈（1Q34+34bis, 4Q505, 4Q507-509）	祭日の祈り	⑨
祭暦（4Q320-321, 321a, 324g, 324h, 325, 337）	祭司暦	⑪
幸い（4Q525）	幸いなる者	⑩
サム王・アポ（6Q9）	サムエル記 - 列王記アポクリュフォン	⑦
サム幻（4Q160）	サムエルの幻	⑦
詩・外（4Q88, 11Q5-6）	詩篇外典	⑧
叱責（4Q477）	叱責	⑪
詩・ペ（1Q16; 4Q171, 173）	詩篇ペシェル	③
邪悪（4Q184）	邪悪な女の策略	⑩
収穫（4Q284a）	収穫	①
終末（4Q183）	終末釈義	③

十二宮（4Q318）	月と十二宮	⑪
祝福（1Q28b）	祝福の言葉	⑨
呪詛（メルキ）（4Q280; 5Q14）	呪詛（メルキレシャア）	⑪
出講（4Q374）	出エジプトについての講話／征服伝承	⑥
出パラ（4Q127）	出エジプト記パラフレイズ	⑥
呪禱（4Q560）	呪禱	⑪
呪文（4Q444）	呪文	⑪
呪文儀（8Q5）	呪文の儀礼	⑪
諸規則（4Q265）	諸規則	②
しるし（4Q319）	しるし	⑪
新エル（1Q32; 2Q24; 4Q554, 554a, 555; 5Q15; 11Q18）	新しいエルサレム	④
新地（4Q475）	新しい地	④
神殿（4Q365a; 4Q524; 11Q19-21）	神殿の巻物	②
正義時（4Q215a）	正義の時	④
正義道（4Q420-421）	正義の道	①
清潔Ａ（4Q274）	清潔規定Ａ	②
清潔Ｂ（4Q276-277）	清潔規定Ｂ	②
清潔Ｃ（4Q278）	清潔規定Ｃ	②
聖年（4Q559）	聖書年代記	③
聖書パラ（4Q158）	聖書パラフレイズ	⑦
摂理（4Q413）	神の摂理	⑩
ゼファ・ペ（1Q15; 4Q170）	ゼファニヤ書ペシェル	③
創アポ（1Q20）	創世記アポクリュフォン	⑥
創出パラ（4Q422）	創世記-出エジプト記パラフレイズ	⑥
創時（4Q180-181）	創世時代	③
創注Ａ（4Q252）	創世記注解Ａ	③
創注Ｂ（4Q253）	創世記注解Ｂ	③
創注Ｃ（4Q254）	創世記注解Ｃ	③
創注Ｄ（4Q254a）	創世記注解Ｄ	③
族長（4Q464）	族長たちについて	⑥
戦い（1QM; 1Q33; 4Q491-496）	戦いの巻物	①
戦い関連Ａ（4Q497）	戦いの巻物関連文書Ａ	①
戦い関連Ｂ（4Q471）	戦いの巻物関連文書Ｂ	①
戦い書（4Q285; 11Q14）	戦いの書	①
ダニ・アポ（4Q246）	ダニエル書アポクリュフォン	④
ダニ・スザ（4Q551）	ダニエル書スザンナ	⑦
ダマ（CD; 4Q266-273; 5Q12; 6Q15）	ダマスコ文書	①
タン（4Q176）	タンフミーム	③
知恵Ａ（4Q412）	知恵の教えＡ	⑩

知恵B（4Q294, 425）	知恵の教えB	⑩
知恵言（4Q185）	知恵の言葉	⑩
知恵詩A（4Q426）	知恵の詩A	⑩
知恵詩B（4Q411）	知恵の詩B	⑩
知恵まと（4Q563）	知恵のまとまり	⑩
テス（4Q175）	テスティモニア	③
天ミカ（4Q529, 571）	天使ミカエルの言葉	④
天文（4Q208-211）	エノク書天文部	⑪
典礼文A（4Q409）	典礼文書A	⑨
典礼文B–C（4Q476-476a）	典礼文書B–C	⑨
銅板	銅板巻物	⑫
トビ（4Q196-199, 200）	トビト書	⑦
ナフ（4Q215）	ナフタリ	⑥
ナボ（4Q242）	ナボニドゥスの祈り	⑦
ナホ・ペ（4Q169）	ナホム書ペシェル	③
ナラA（4Q458）	ナラティヴA	⑥
ナラB（4Q461）	ナラティヴB	⑥
ナラC（4Q462）	ナラティヴC	⑥
ナラD（4Q463）	ナラティヴD	⑥
ナラE（4Q464a）	ナラティヴE	⑥
ナラ・作品と祈り（4Q460）	ナラティヴ作品と祈り	⑥
ナラ・作品（レバノン）（4Q459）	ナラティヴ作品（レバノン）	⑥
ナラ・ヤコブの光（4Q467）	「ヤコブの光」テキスト	⑥
ノア（1Q19 + 1Q19bis）	ノア書	⑥
ノア生（4Q534-536）	ノアの生誕	⑥
ハバ・ペ（1QpHab）	ハバクク書ペシェル	③
ハラA（4Q251）	ハラハーA	②
ハラB（4Q264a）	ハラハーB	①
ハラC（4Q472a）	ハラハーC	①
ハラ書（4Q394-399; 4Q313）	ハラハー書簡	②
バル（4Q434-438）	バルキ・ナフシ	⑧
秘義（1Q27; 4Q299-301）	秘義	⑩
日ごと祈（4Q503）	日ごとの祈り	⑨
火舌（1Q29）	火の舌またはモーセ・アポクリュフォン	⑥
布告（4Q159; 4Q513-514）	布告	②
フロ（4Q174）	フロリレギウム	③
ベラ（4Q286-290）	ベラホート	⑨
ペル宮（4Q550）	ペルシア宮廷のユダヤ人	⑦
ホセ・ペ（4Q166-167）	ホセア書ペシェル	③
ホロ（4Q186, 561）	ホロスコープ	⑪
マラ・アポ（5Q10）	マラキ書アポクリュフォン	⑦
マラ注（4Q253a）	マラキ書注解	③

ミカ・ペ（1Q14; 4Q168）	ミカ書ペシェル	③
ミシュマ（4Q322-324, 324a, 324c,328-329, 329a, 330, 324i）	ミシュマロット	⑪
道（4Q473）	二つの道	⑩
メシ黙（4Q521）	メシア黙示	④
メルツェ（11Q13）	メルキツェデク	③
モセ言（1Q22）	モーセの言葉	⑥
モセ・アポ（2Q21; 4Q375-376, 408）	モーセ・アポクリュフォン	⑥
物語と詩（4Q371-373, 373a; 2Q22）	物語と詩的作品	⑥
厄除け（6Q18）	厄除けの祈り	⑪
ヤコ遺（4Q537）	ヤコブの遺訓	⑥
ユダ遺（4Q538; 3Q7; 4Q484）	ユダの遺訓	⑥
ヨシ・アポ（4Q378-379; 5Q9）	ヨシュア記アポクリュフォン	⑦
ヨシ敷（4Q123）	ヨシュア記敷衍	⑦
ヨシ預（4Q522）	ヨシュアの預言	⑦
ヨセ遺（4Q539）	ヨセフの遺訓	⑥
ヨナタン（4Q523）	ヨナタン	⑪
ヨベ（1Q17-18; 2Q19-20; 3Q5; 4Q216-224; 4Q176a; 4Q482?; 11Q12+XQ5a）	ヨベル書	⑤
四王（4Q552-553, 553a）	四つの王国	④
四籤（4Q279）	四つの籤	②
ラヘ・ヨセ（4Q474）	ラヘルとヨセフに関するテキスト	⑥
歴文A（4Q248）	歴史文書A	⑧
暦文（4Q326, 394 1-2）	暦文書	⑪
列パラ（4Q382）	列王記パラフレイズ	⑦
レビ・アポ（4Q540-541）	レビ・アポクリュフォン	⑥
レビ遺（1Q21; 4Q213, 213a, 213b, 214, 214a, 214b）	レビの遺訓	⑥
論争（4Q471a）	論争テキスト	⑪

凡　例

死海文書の多くは羊皮紙の巻物であった（一部はパピルス）。しかし、きれいな巻物のままで見つかったものは少数で、多くはバラバラになった状態で研究者の手に渡った。それゆえ、そうしたバラバラの断片は、まずはどれとどれが同一の文書であるかが同定され、同じ文書のものと判断されたものに番号づけがなされていった。本訳では各文書に書名を付しているが、それらは現代の学者が内容から判断して名づけた暫定的な命名に過ぎず、これまでにもすでにいくつかの文書は名前が変えられてきたし、今後の研究次第でまた名前が変わる可能性もある。そうした文書名についての不確かさがあるなかで、特定の箇所を明確に指示するために、すべての文書と断片に整理番号が付されている（ただし、最初期に発見された文書のいくつかは番号のない書名だけのものもある）。以下では、この番号づけの仕方について簡単に解説する。

一、洞穴番号と文書番号

現時点で死海文書と呼ばれる諸文書は、死海近辺の十一の洞穴から発見された。それらの洞穴には一から十一までの番号が付されている。

「1Q14」という表記において、最初の「1」は洞穴番号を指している（つまり第一洞穴）。次のアルファベットの「Q」はクムラン（Qumran）周辺の洞穴であることを意味している（死海近辺からはクムラン以外の場所からも古代写本が発見されており、それらには「Q」は使われない）。最後の「14」は十四番の文書ということで、第一洞穴から見つかった他の文書との区別を表す。

初期に発見された文書で比較的有名な文書については、番号表記よりも名前の略記が好んで使われるもの、また番号の付されていないものもある。1QS（=1Q28『共同体の規則』）、1QM（=1Q33『戦いの巻物』）、1QH[a]（『感謝の詩篇』）、1QpHab（『ハバクク書ペシェル』）、11QT[a]（=11Q19『神殿の巻物』）などがそうである。本訳では、こうした慣習も考慮に入れて、邦訳名、邦訳略記、欧文略記、番号表記が混在している。

二、欄番号、断片番号、行番号

死海文書は、比較的まとまった巻物として発見されたものと、まったくバラバラになってしまったものとがある。ある程度のまとまりの残されている巻物には、いくつかの欄が四方の余白に区切られて現存している。そこから、多くの文書は複数の欄を持った巻物であったことが推測される。それらの巻物のなかには、最初の欄が残されているものもあれば、後半の欄は残されていても前半は失われているというものもある。そこで、ある程度、元来の欄の構成が復元できるものについては、大文字のローマ数字を使って欄番号を表示している。必要な場合は、それにアラビア数字で行番号を付している。死海文書には、聖書のような章と節を付すことは困難なので、内容とは無関係に、単純に上からの（あるいは時に下からの）行番号によって特定の箇所を指示することになる。邦訳すると行を跨がらざるを得ないケースが多いため、本訳の行番号表示では単語レベルの厳密さを再現できてはいない。

「4Q162 II 3」という表記は、第四洞穴の百六十二番の文書の第II欄の第3行を意味する。この第II欄は、もともと複数の欄から成り立っているこの文書の二番目の欄、第3行はこの欄の上から3行目を指示することになる（実際に見える行数のこともあれば、研究者によって復元された行数のこともある）。

しかしながら、このように元来の欄番号を復元するためには、最初の欄の場所がある程度想定できる場合に限られ、断片がバラバラになっていて欄数を確認できないことも少なくない。そこで、多くの文書では、欄数表記をせずに断片番号で特定の箇所を指示することになる。本訳では断片番号は漢数字で表記する。

「4Q160 一 4」という表記は、第四洞穴の百六十番の文書の断片一の第4行を指示することになる。

複数の断片をパズルのように組み合わせて、テキストの一部を復元できることもあり、そうした場合には複数の断片番号が一緒に表記される。

「4Q503 七―九 5」とあれば、第四洞穴の五百三番の文書の断片七から断片九（つまり断片七＋八＋九）の5行目ということになる。「4Q168 一＋三 4」の場合は、第四洞穴の百六十八番の文書の断片一と断片三を組み合わせて一つのテキストを復元し、その第4行を指示するということになる。

小さな断片を並べることで、一つの断片を復元できることもあり、その場合には、小断片を小文字のアルファベットで示す。「4Q286 二a-c 5」という表記は、第四洞穴の二八六番目の文書の断片二の上から第五行を指示するが、その断片二は実際にはさらに小さな三つの断片（a、b、c）から復元されたものであることを示す。

比較的大きな断片のなかには、一つの断片でありながら複数の欄が残されていることもある（つまり欄と欄の間の余白が見える）。その場合には、漢数字の断片番号に小文字のローマ数字で右から番号を付している（ヘブライ語は右から左に書く）。

「4Q521 二 iii 5」という表記は、第四洞穴の五百二十一番文書の断片二の右から三番目の欄の5行目を指すことになる。これらを組み合わせて表記することもある。

「4Q286 一 a ii、b 3」という表記は、第四洞穴の二八六番目の文書の断片一は小断片aと小断片bから成るが、その小断片aには二欄が残されていて、小断片aの左欄と小断片bを組み合わせて復元された欄（つまり断片一の第二欄）の第3行目を指示することになる。

「4Q415 一 ii＋二 i 6」とあれば、第四洞穴の四百十五番文書の断片一の第ii欄（左欄）と断片二の第i欄（右欄）を組み合わせたテキストの6行目を指示する。こうした複数の断片を組み合わせることで全体の欄を復元できる場合には、大文字のローマ数字の欄番号、漢数字の断片番号、小文字のローマ数字の当該断片の欄番号、行番号が付されることもある。

「11Q13 II 一＋二 i＋三 i＋四 10」という表記は、第十一洞穴の第十三番文書の第II欄で、この第II欄というのは断片番号一と断片二の第i欄（右欄）と第三断片の第i欄（右欄）と第四断片から復元されていて、その10行目を指示しているということになる（ただし、注等で略記する場合は、大文字ローマ数字の欄番号か、漢数字の断片番号と小文字のローマ数字の当該断片の欄番号のどちらかだけで表記されることが多い。例「11Q13 II 10」ないし「11Q13 一＋二 i＋三 i＋四 10」）。

三、本訳の底本について

死海文書の公式な校訂版は、一九五五年から二〇一一年にかけて刊行された四十巻からなる

Discoveries in the Judaean Desert（Clarendon: Oxford University Press）というシリーズである（以下DJD）。各巻のタイトルについては左記を参照のこと。

https://web.archive.org/web/20120519110203/http://orion.mscc.huji.ac.il/resources/djd.shtml

このシリーズは、聖書を含む死海文書すべてについて、テキスト、翻訳、注、文書断片の写真から構成され、発行年の新しいものについては詳細な解説と注解も付されている。しかしながら、初期に発見された文書についてはこのシリーズに含まれていないものもある（『エノク書』、『神殿の巻物』など）。また、後の研究の進展やデジタル技術の発達などにより、このシリーズとは異なるテキストの読みが提案されていることもある。さらに、詳細な注解や写真がついているため、高価であり、またすでに絶版になっていて入手しにくいものもある。

そこで、DJD の現在の編集長である E. Tov（および D. W. Parry）の編集により、（聖書以外の）テキストと英訳のみを提示する *The Dead Sea Scrolls Reader*（Leiden: Brill）が刊行されている（初版は六巻本、第二版は二〇一四年発行の二巻本。以下 *DSSR*）。この書は、基本的に DJD のテキストの採録であるが、その後に提案された異なる読みが受け入れられている場合には、新しい読みを採用している。しかし、古い読みがそのまま採用されているケースも少なくないが、全般的に本書に依拠することは最善と思われない。

DJD シリーズとは別に、プリンストン大学が全十巻の予定で新しい死海文書の校訂版の発行を一九九四年から始めている（現時点で六巻七冊が刊行済み。以下、プリンストン版）。

J. H. Charlesworth（ed.）, *The Dead Sea Scrolls: Hebrew, Aramaic, and Greek Texts with English Translations*（The Princeton Theological Seminary Dead Sea Scrolls Project; Tübingen: J.C.B. Mohr; Louisville:

Westminster John Knox).

プリンストン版は、解説にテキスト、英訳、簡単な注が付されたものであるが、いまだ全巻が出そろっていないこと、九〇年代に発行された巻についてはやや情報が古いこと、校訂者によって信頼度に欠ける場合があることなどから全幅の信頼をおくことはできない。

以上とは別に、とにかくテキストと英訳だけを読者に提示することを目的に編集されたものとして、F. García Martínez & E. J. C. Tigchelaar (eds. & transl.), *The Dead Sea Scrolls: Study Edition* (2 vols.; Leiden: Brill, 1997-98, ペーパーバック, 1999)が発行されている（以下 *DSSSE*）。この書では二人の編者がテキストを新たに読み直し、かつ新しい訳を付している。しかしながら、学習版という名の通り簡易版であって、小断片は提示されておらず、また欠損部分の提示の仕方も簡略化されているため、どれくらいの文字が欠落していたのかの判断はできない。そのため、本書だけを利用すると欠落部分の前後について誤読する可能性がある。

個々の文書については、それぞれ詳細な研究がなされているが、死海文書全体のテキストを網羅しているのは以上の四つである（DJD、*DSSR*、プリンストン版、*DSSSE*）。上記のような理由から、本訳においては、以上のどれか一つを底本として定めることはせず、それぞれの文書ごとに訳者が定本を定めて訳すことにした。異読の可能性については注に記してある場合もあるが、その是非と詳細さはその文書の状態と訳者個々の判断にゆだねられている。

四、本訳における文書の配置と文書の特定の仕方について

十一の洞穴から発見された死海文書は、内容上の関連とは無関係に保管されていた。そのため、文書番号順に配列すると、関連ある文書同士が複数の分冊に跨って掲載されることになる。本訳では、すべての文書をそのジャンルに従って配列しなおし、内容上の連関の強いものをなるべく同じ分冊に所収するよう努めた（主に *DSSR* の配列に従っているが、分冊の分量を均等化するため、本訳独自の配列になっている）。

しかしながら、解説や注においては他の分冊に配置されている文書との関連を指示することも少なくない。そこで読者の便宜のために、文書の邦訳名とその略記を五十音順に列記した「死海文書略号表」を巻頭に、文書番号順に当該文書がどの巻に収められているかを示す「整理番号・文書名一覧」を巻末に掲載した。読者諸氏には、必要に応じてこれらの表を活用していただきたい。

五、本訳における注および解説等について

本文に出る言語的・歴史的事柄および死海文書に特徴的な観念と語彙などについて説明する。同一文書内の関連する箇所、及び他の死海文書の関連箇所、さらには旧約聖書・新約聖書、外典偽典文書、ミシュナー、タルムードなどのユダヤ教ラビ文献などとの関連についても記してある。

なお、死海文書は文書ごとに保存状態や研究の進展状況に大きな違いがあるため、本訳における解説等は、その形式や取り扱う事柄について統一を図っていない。

六、本訳本文中に用いた記号の意味について

［　］＝写本の欠損部分を示す。［……］は一単語ほどの欠損を、［…………］はそれ以上の欠損があることを示す。

〈　〉＝写本の行間への書き込みであることを示す。

（　）＝解読の便宜のための、訳者による補足を示す。

二〇一八年三月　　上村　静　記

儀礼文書 ✣ 目　次

祝福の言葉　1

ベラホート　11

祝福の言葉 ……（1QSb=1Q28b）

上村　静　訳

内容

共同体のさまざまなメンバーに対して、賢者が語る祝福の言葉。

第Ⅰ欄

1 祝［福］の言葉(1)、賢者に(2)、祝福するために、［神を］畏《おそ》れる者［たち(3)、］かれの意思《みこころ》［を行う者たち］、かれの命令を
守る者たち(4)、
2 そして、かれの聖なる契［約］を固持する者たち(5)とかれの［真実の道すべてを］完全に歩む者たちを(6)。

(1)「言葉」は複数形。申三〇1、ヨシ八34参照。

(2)「賢者」（マスキール、単数形）は「指導者」とも訳せる。本文書 III 22, V 20, 共規 1QS III 13, アモ五13、詩一四2＝五三3、箴一〇5、19、一四35、一五24、一七2、ヨブ二二2参照。

(3) 詩一一八4、マラ三16等参照。

(4) 出二〇6、ダマ CD II 18, III 2, ハバ・ペ 1QpHab V 5 参照。

(5) 本文書 III 23, 共規 1QS III 1 参照。

(6) 共規 1QS I 8, レビ遺一三1参照。

そして、かれは彼らを3永久に立つ⑴永遠の契約⑵のために選んだ。⑶〔彼らを〕あなたを祝福するように、⑷主〔が、かれの聖なるすまいから、⑸そして〕4偽〔ることのな〕い永遠の源⑹〔を〕あなたのために天から開くように。⑺〔…………〕5あなたの手の中に〔…………そして、かれが祝〕福すべてをもってあなたを〔憐れ〕み、〔……〕聖なる〔者たち〕の集会において〔…………〕6〔……〕永遠の〔……〕そしてかれは〔……〕ない〔…………〕そしてあなたは〔…………〕7〔…………〕のすべてから、あなたを〔かれが逃〕れさせてくれるように〔…………〕彼女の憎悪〔……〕残〔りの者〕はない。8〔…………あらゆ〕る敵対者〔…………聖〕性〔の…………〕9〔…………かれ〕の聖性は〔立〕つ10〔…………〕かれの聖性〔…………〕

第Ⅱ欄

1〔…………〕あなたの父祖たち〔の契約〕2〔…………〕あなたの〔……〕かれが挙げるように3〔…………かれが〕あなたを憐れみ、⑻〔あなたへとかれの顔を〕挙げ〔る〕ように⑼4〔…………〕あなたの〔……〕5〔…………〕神々6-21〔…………〕

22〔……〕主があなたを憐れむように〔…………そしてすべての〕23〔報いをもって〕かれがあなたを楽しませ、⑽あな〔た〕を憐れむように〔…………〕24聖なる霊⑾をもってかれがあなたを憐れみ、そして恵〔み…………〕25と永遠の契約。⑿かれがあなたを憐れみ、〔あなたを歓〕呼させるように〔…………〕26そして義の裁きをもってかれがあなたを憐れみ、〔…………〕あなたが躓《つまず》くことの〔ない〕ように〔…………〕27そしてあなたの諸々の業《わざ》すべてにおいて、かれがあなたを憐れむように〔…………〕あなたの〔……〕そして〔……〕のすべてにおいて〔……そして〕28永遠の真実⒀〔をもって、かれがあなたを憐れむように…………あなたの〕末裔《まつえい》すべての上に〔…………〕

第Ⅲ欄

[1]主があなたへとかれの顔を挙げ(14)、そして［あなたの供犠《くぎ》である宥《なだ》めの香りを［かぐように。そして［あなたの祭司］職に座す者たちす［べてを］[2]かれが選び、あなたの聖なる［者たち］すべてを護るように。そして［…………］あなたの胤《たね》すべて。［かれが］[3]かれの顔をあなたの集会すべてへと［挙げるよう］に。かれがあなたの頭に［……］挙げるように。［…………］[4]［永久の栄］光において［……そしてかれが］あなたの胤を永遠の栄光において聖《きよ》めるように。かれが［かれの顔を挙］げるように［…………］[5]［…………永］遠の［……を］かれがあなたに与えるように、そして王国［…………］[6]［…………］肉から。そして聖［なる］御使《みつか》いたち(15)と共に［…………］

(1) 詩一九10参照。
(2) II 25, 共規 1QS IV 22, V 5-6, 創九16、一七7、13、19、出三一16、レビ二四8、サム下二三5、イザ二四5、五五3、六一8、エレ三二40、五〇5、エゼ一六60、三七26、詩一〇五10、代上一六17参照。
(3) III 23, 共規 1QS IV 22 参照。
(4)「彼らを祝福するように」と書いてから、それを消して書き直してある。以下、文末の「……ように」は神への願望を表す。
(5) 申二六15、エレ二五30、ゼカ二17、詩六八6、代下三〇27、戦い 1QM XII 2 参照。
(6) イザ五八11、感謝詩 1QH^a XIV 20-21 (4Q429 四 i 4)、XVI 9, XVIII 33, 教訓 4Q418 八一+八一a 1参照。
(7) 共規 1QS XI 3, 感謝詩 1QH^a XVIII 33 参照。
(8) 民六25、共規 1QS II 3 参照。
(9) 民六26、共規 1QS II 4 参照。
(10) 感謝詩 1QH^a XVII 8, 32, XVIII 33, XIX 10 参照。
(11) 共規 1QS III 7, IV 21, VIII 16, IX 3, 感謝詩 1QH^a IV 38, VI 24, VIII 20, 21, 25, 30, XV 9-10, XVI 13, XVII 32, XX 15, ダマ CD II 12 参照。
(12) I 3 および上段注 (2) 参照。
(13) 共規 1QS IX 3-4 参照。
(14) II 3 および前注 (9) 参照。
(15) 戦い 1QM VII 6, X 11, 戦い 4Q491 一―二 i 10、会衆 1QSa II 8-9、安息歌一一15 (4Q405 一九7)、安息歌一二4 (4Q405 二〇ii―二二9)、28 (4Q405 二三i 8)、4Q407 一3 (本訳一六七頁) 参照。

7かれが戦うように［…………不］義の世代［…………］8［…………］彼らすべてから［…………］9-16［……
……］
17［…………］18［…………］あなたのために多［く］の諸民［族を屈従させ］ること、そして［……］ない19［……
……］世界の富すべて［……］①の源からあなたを20［…………あなたは］それを求める、②なぜなら神は［……］の
諸々の礎《いしずえ》すべてを定めた21［…………］かれはあなたの平和を永久の世々《よよ》に据えた。
22（余白）祝福の言葉、［賢者］に、［祝福するために］③、祭司であるツァドクの子らを。23彼らを神は選んだ、④かれの
契約を［永遠］に固持し、⑤［そして］かれの民のただ中でかれの諸々の裁きすべてを［確］かめ、24かれが命じたとお
りに彼らを教えるために。⑥そして彼らは真実をもって［かれの契約を］起《た》て、義をもってかれの諸々の掟すべてを
護り、かれが選んだとおり［に］歩んだ。25あなたを祝福するように、主が、かれの聖な［るすまい］から、そして
あなたをまったき威光として置くように、26聖なる者たちのただ中に。そして［永遠の］祭司職の契約を［かれが］
あなたのために［新］しくし、⑦そしてあなたの場所をあなたに与えるように、27聖なる［すまいの中に］。そしてあ
なたの諸々の業《わざ》によってかれが裁［くように］、高貴な者たちす［べてを］、あなたの唇の流れ⑧から諸々の民の［司《つかさ》た
ち］すべてを。28美［味なるものすべての］初物《はつもの》をかれがあなたに嗣《つ》がせ、⑨そしてあらゆる肉の智慧⑩をあなたの手を
とおしてかれが祝福するように。⑪

第Ⅳ欄

1そしてあなたの両［足の歩］みをかれが顧みるように、そして［…………］ひとと聖なる者［たち…………］
2かれが［かれと共に］数え、⑫かれと一緒に［なる］ように。そして冠⑬［…………］ひとと［人間の子らの諸々の］
歓び［…………］3［永遠］の祝福⑭があなたの頭の花冠になるように、聖［なる…………］あなたの両手［……

……]4-5[…………]6-19[…………]20[…………]確かめるため[…………]21[…………]かれの[周り]に
[……の]面前に[…………]
22[…………]そしてかれがあなたを義とするように、[……]すべてから[…………]かれはあなたを選んだ
[…………]23そして聖なる者たちの頭《かしら》に挙げるため、そしてあなたと共に[……]するため[…………]あなた
の手の[……]24神の会議の人々は[……]であって、[……]の司の手によってではない[…………]人はその仲
間と互いに。(15)そしてあなたが25御前《みまえ》の御使い(16)のようになるように、聖なるすまい(17)において[万]軍の神(18)の栄光のた

(1) 共規1QS X 19, 戦い1QM XII 12-13参照。
(2) あるいは「かれ」。
(3) I 1, V 20参照。
(4) I 3参照。
(5) I 2, 共規1QS V 3参照。
(6) レビ一〇11、申三三10、エゼ四四23、ヨベ三一15、レビ遺二10、一四4参照。
(7) 出四〇15、民二五13、ネヘ一三29、本文書V 5, 21参照。
(8) 「口から出るもの、言葉」の意。感謝詩$1QH^{a}$ XIX 8, 教訓4Q416七3, 4Q418二二2、戦い4Q491一一i 17、賢者詩4Q511二1 3-4, 六三―六四ii 4、幸い4Q525八2参照。
(9) 民一八24、エゼ四四30、レビ遺一八4（ボドレイアンa 1）参照。
(10) 「智慧」（エーツァー）は、クムラン文書では「会議」と訳されることも多い（IV 24）。人々が集まって協議すること、およびそこで生み出された結果としての「智慧、思慮、計画、戦略、企て」などを意味する。
(11) レビ九22、ベン・シラ五〇17-20、ヨベ三一15、レビ遺四5参照。
(12) 目的語は欠落しているがおそらく「あなたを」。
(13) 共規1QS IV 7参照。
(14) 「祝福」は複数形。
(15) 共規1QS V 23参照。
(16) マラ二7、イザ六三9、ヨベ三一14、レビ遺三5、感謝詩$1QH^{a}$ XIV 16, ユダ遺3Q7五3参照。
(17) I 3および三頁の注（5）参照。
(18) 本文書ではここだけ「神」はエロヒーム（他ではエル）。

めに。[……そしてあなたは]周りにいて、王国の宮殿(1)において仕え、[26]御前の御使いたちと共に籤《くじ》を引き(2)、そして共同体の会議は[……]永遠の時機にわたり、またとわの諸時代すべてにわたる。なぜなら[27]かれの諸々の裁[きすべては真実である]。そして、かれがあなたをかれの民の中で聖なる[者]として置くように、そして知識によって世界に[……する]光体として(3)(置き)、多数者の顔を輝かせるように(4)。[28][…………そして、かれがあなたを]聖の聖(5)のための徽章《きしょう》(6)として[置くように]。なぜなら[あなたは]かれのために[聖]別され、またかれの名とかれの聖なる者たちを敬う。

第V欄

[1](余白)[…………][2]あなたは[……か]ら分かれた[…………][3][……]ない[…………][4]あなたを見る者たち[…………][5]そして、かれはあなたのために新しくする[…………][6]かれの霊はあなたの上に[…………][7][……][8][……]そして主[…………][9][…………][10-16][…………][17][…………あなたの両手]をかれは満たす[…………][18][…………]永久の諸時代すべてと共に。そしてあなたの栄光をかれは[……]ない[…………そして][19][神]はあなた(へ)の恐れをあなたの名聞《みょうもん》(7)を聞く者すべて[の上に]、またあなたの威光を[…………]

[20](余白)賢者に、集会の指揮官(8)を祝福するために、彼は[…………][21]かれの[……]そして[共]同体の契約をかれは彼のために新しくする。(9)(それは彼が)かれの民の王国を永遠[に]起《た》て(10)、[そして義をもって貧しい者たち(11)を裁き、][22][そして]公平をもって地の[虐]げられた者たちのために判決を下し(12)、そしてかれの前に[……]の道すべてにおいて完全に歩むため(13)、[…………][23]そして[かれ]を求める者たちのために苦悶[の中に]かれの聖なる契約を起てるためである。[あな]たを[挙]げ[るように]、主が、永遠の高み(14)へと、そして聳え立つ城壁の強固

な塔のように[15]（するように）。24そして、あなたがあなたの［口］の力強さをもって［……］になるように。あなたの笏《しゃく》をもってあなたが地を荒れ果てさせ、そして、あなたの唇の霊[16]をもって25邪悪な者を死なせるように。[17]かれが［あなたに智慧[18]］と永遠の大能《たいのう》［の霊[19]］、神（へ）の知識と畏れの霊[20]を与えるように。そして26義が［あなたの腰］帯とな

（1）「宮殿」と訳した語は、聖書では王の宮殿（王上二一1他）、神殿（イザ六1他）、本堂（王上六3他）、あるいは天の神殿ないし神の宮殿（サム下二二7／詩一八7、詩一一4、二九9）を指す。クムラン文書でも同様。戦い 1QM XII 13/XIX 5/4Q492 一5、ベラ 4Q287 二11、秘義 4Q301 五2、安息歌一13（4Q400 一 i 13）、一三32（11Q17 X 8）参照。

（2）「運命を共にする」または「運命を定める」の意。箴一14、感謝詩 1QH^{a} XIV 16 参照。

（3）レビ遺四3、一八3参照。

（4）感謝詩 1QH^{a} XII 28 参照。

（5）あるいは「至聖所」（神殿の中の最も聖なる場所）。

（6）出二九6、三九30、レビ八9参照。

（7）「聞く」の名詞形。動詞「聞く」との語呂合わせ。

（8）エゼ一二12、三七24、戦い 4Q285 四6、10、七4、戦い 1QM V 1, 戦い 4Q496 一〇3, 4, ダマ CD VII 20 参照。

（9）III 26, エレ三三20–21、詩八九4参照。

（10）戦い 1QM XIX 8 参照。

（11）「貧しい者たち」（エビオニーム）はクムラン文書では彼らの共同体を指すことが多い。戦い 1QM XI 9, 13, XIII 14, 感謝詩 1QH^{a} X 34, XI 26, XIII 18, 20, 24, ダマ CD VI 21, XIV 14, ハバ・ペ 1QpHab XII 3, 6, 10 参照。

（12）イザ一一4参照。

（13）I 2, III 24 参照。

（14）感謝詩 1QH^{a} XI 21 参照。

（15）感謝詩 1QH^{a} XV 11 参照。

（16）「霊」（ルーァハ）、あるいは「息」。

（17）イザ一一4参照。

（18）III 28 および五頁の注（10）参照。

（19）イザ一一2、感謝詩 1QH^{a} XVII 25–26, 共規 1QS IV 3 参照。

（20）イザ一一2参照。

り、［そして信実］があなたの胴帯《どうおび》となるように。[1]［そして］かれがあなたの角を鉄に、またあなたの蹄《ひづめ》を青銅にするように。[2] 27あなたが雄［牛］のように突き、［………］街路の泥のように諸［民を踏みつけるように］[3]。なぜなら、神はあなたを起てて28［あなたの］前の支配者たちに対する笏[4]とした。［……］諸民［族すべてが］あなたに侍《はべ》るように、そして、かれの聖なる名をもってかれがあなたを強め、29そしてあなたは獅［子］のようになる［……］あなたの［……］餌食［……］、そして取り［戻す］者はない[5]。そしてあなたの［素早］い者たちは［……］に広がる［………］

解説

『祝福の言葉』（1QSb = 1Q28b）は、三十二のヘブライ語で書かれた断片が残っており、それらから五つの欄が復元されている。本文書は、1QS および 1QSa と同じ巻物に、同じ写字生の手で書き写されたものである。本訳の底本は *DSSSE* を採用したが、*DSSR*, チャールズワース&スタッケンブルック（1994）、リヒト（1996）も参照した。

J. H. Charlesworth & L. T. Stuckenbruck, "Blessings (1QSb)", in J. H. Charlesworth *et al.* (eds.), *The Dead Sea Scrolls: Hebrew, Aramaic, and Greek Texts with English Translations. Volume I: Rule of the Community and Related Documents* (Tübingen: J.C.B. Mohr; Louisville: Westminster John Knox Press, 1994) 119-130.

J. Licht, *The Rule Scroll: A Scroll from the Wilderness of Judaea. 1QS, 1QSa, 1QSb: Text, Introduction and Commentary* (Jerusalem: Bialik, 1996［1965］Hebrew).

本文書は、「祝福の言葉、賢者に、祝福するために」という導入文から始まり、祝福の対象となる個人ないし集団が挙げられ、そしてその者が何者であるかの三人称の説明が付されてから、二人称単数形での祝福の言葉が記されるというパターンを持っている。チャールズワース&スタッケンブルックは、その内容から以下の八つに分けている。

一、I 1–II 21　クムラン共同体メンバー全体への祝福
二、II 22–28　メンバーの誰か（リーダーないし集団）への祝福
三、III 1–16　祭司職への祝福
四、III 17–21　メンバーの誰かへの祝福
五、III 22–IV 21　ツァドクの子らへの祝福
六、IV 22–28　大祭司への祝福
七、V 1–19　メンバーの誰かへの祝福
八、V 20–29　集会の指揮官への祝福

第一の祝福（I 1–II 21）は、「永遠の契約」（I 3）のために選ばれた共同体メンバー全体に対する祝福である。第二（II 22–28）の祝福の対象は不明であるが、「聖なる霊」と「永遠の契約」の結びつき（II 24–25）はクムランに特徴的である。第三（III 1–16）は、聖書の「祭司の祝福」（民六22–27）を思わせるが、地上の祭司と天界の御使いとの関連づけ（III 6）にクムランの特徴が現れている。第四（III 17–21）は欠損が多く、祝福の対象は不明である。第五（III 22–IV 21）はツァドクの子らへの祝福である。ツァドクの家系はソロモンの時代以降、正統な大祭司の家系とされてきたが、前二世紀のマカバイ戦争の頃からその地位を奪われ、エルサレム神殿での務めから離れることに

（1）イザ一一5参照。
（2）ミカ四13参照。
（3）ミカ七10参照。
（4）「笏」は王の象徴。民二四17、イザ一四5参照。
（5）感謝詩 1QH^{a} XV 31–32「誰も応えられない」と同じ否定辞と動詞。

なった。ツァドクの子孫とその取り巻きがクムラン共同体を創設したとの説が有力である。本『祝福の言葉』でも、契約の更新と彼らの場所が願われているが（III 26–27）、そこにはこうした共同体の設立事情が反映している可能性がある。第六（IV 22–28）ではツァドク系の大祭司が「御使いのように」なり、「王国の宮殿において仕え」ること（IV 25）が祈られる。第七（V 1–19）の祝福の対象は不明である。第八（V 20–29）は「集会の指揮官」（ナスィー・ハ・エーダー）への祝福であり、彼は神の「民の王国を永遠に起て」、貧しい者たちや虐げられた者たちのために裁きを下し、神を求める者たちのために「聖なる契約を起てる」（V 21–23）。彼は「邪悪な者」を殺し（V 25）、「笏」（王の象徴）とされる（V 28）。これらの祝福には、イザ一一 2–5 および民二四 17–19 が反映している。ツァドク系の大祭司とこの指揮官は、クムラン共同体の期待する二人のメシア――「アロンのメシア」と「イスラエルのメシア」（共規 1QS IX 11）――を指している可能性がある。

本文書は、『共同体規則』（1QS）および『会衆規定』（1QSa）と一緒に書き写されたことからわかるように、クムラン共同体にとって最も重要な書物の一つであり、内容的にも『戦いの巻物』（1QM）や『ダマスコ文書』（CD）との関連も深い。「祝福」というジャンルからすると、特に『日ごとの祈り』（4Q503）や『典礼文書』（4Q409, 4Q476, 4Q476a）との関連も認められよう。

ベラホート……（4Q286–290）

上村　静　訳

内容
クムラン共同体の年ごとの契約更新の儀礼における祝福と詛いと規定。

4Qベラホートa（4Q286）

断片一a第i欄

1-6［……］7［……］われらの(1)［……］8［……］アーメン(2)9-13［……］

（1）一人称複数形は、おそらく共同体の告白ないし過去の歴史の回顧を示す。
（2）儀礼の終わりを示す定型表現の一部。

断片一a第ii欄、b

（上端）

1 あなたの高貴の座[1]と、あなたの立つ場の諸々の[2]［高］み[3]におけるあなたの栄光の足台[4]と、あなたの聖性の踏み［場］[5]、
2 そしてあなたの栄光の玉車たち[6]、それらのケルビム[7]とそれらのオファニム[8]と［それらの］すべての評議会[9]、3 火の
基《もとい》[10]と光輝[11]の焔《ほのお》[12]、そして尊厳の耀輝《ようき》[13]、火炎[14]の光［線］[15]と不思議な光体[16]、4［尊］厳と威光[17]、そして栄光の高み[18]、聖
性の基盤[19]と耀［輝の］源[20]、そして壮麗さの高み、5 感［謝の不思］議[21]と大能《たいのう》の池[22]、諸々の賛美の威光、そして偉大な

（1）「あなた」は神。天における神の御座。「かれの高貴の座」という表現が、後三世紀以来の新年祭の祈り『アレーヌー・レシャベアハ』やヘーハロート文学から知られるが、その起源はより古いと考えられる。安息歌一二4（＝4Q405二〇ii-二二9）「かれの栄光の座」、および安息歌一一23（＝4Q405二〇ii-二二4）参照。

（2）安息歌一二26（＝4Q405二三i6）参照。

（3）神の立つ天の高み。エゼ一26、三23参照。

（4）「足台」は聖書でも死海文書でも単数形で用いられるが、ここのみ複数形。イザ六六1、詩九九5、一三二7、哀二1、代上二八2、安息歌七25（＝4Q403一ii2）、安息歌一三31（＝11Q17 X 7）参照。

（5）「踏み［場］」（*mdr[kh]*）あるいは「床《ゆか》」（*mdr[s]*）。エゼ四三7、安息歌一一11（10）（＝4Q405一九2）参照。

（6）「玉車たち」と訳した語は、メルカバーの複数形。「戦車」と訳されることが多いが、原義は「乗り物」。ここでは神の乗り物であること、戦いのイメージがないことからこのように訳した。代上二八18、イザ六六15、エレ四13、ハバ三8、ゼカ六1-3、詩六八18、ベン・シラ四九8（B）、安息歌七38（4Q403一ii15）、一一10（11Q17 VI 3）、24-26（4Q405二〇ii—二二3-5／11Q17 VII 5）、一二3（4Q405二〇ii-二二8）、6（4Q405二〇ii—二二11）、一三31（11Q17 X 7）、偽エゼ4Q385六6、『ヘブライ語エノク書』二四、『マアセー・メルカバー』五五四—五五五、五八五、『マセヘット・ヘーハロート』二二2、一五1、一七1参照。

（7）「ケルビム」（「ケルブ」の複数形）は、スフィンクス（頭

部は人間、体は有翼のライオン）の姿をした天的存在。神の玉座であり（サム上四4、サム下二二11／詩一八11、八〇2）、またエデンの園の番人（創三24）でもある。幕屋および神殿の装飾の一部でもあった（出二五18－22、二六31－33、王上六23－29、代上二八18、代下三7、10－14、神殿11QT^{a} VII 10–12）。エゼ一章でエゼキエルの見た「生き物」はエゼ一〇章で「ケルビム」と同定されている。

（8）オファニムは「車輪」の複数形。エゼ一15－21、三13、一〇9－10、偽エゼ4Q385六10－11を見よ。王上七30－33も参照。安息歌ではオファニムは天使的な存在と見なされている。安息歌一一24（4Q405二〇ii－二一3）、一二4（4Q405二〇ii－二二9）参照。エチ・エノク七一7、スラヴ・エノク二〇1、二九3も参照。

（9）「評議会」（ソードの複数形）、あるいは「基盤」。この語は本文書にしばしば現れる。聖書では天の住まいに仕える天使たちの「評議会」あるいは「秘密」を指すが、死海文書では普通名詞として「基盤」を指す場合もある。ここでは複数だが、単数の用例もある。単数＝ベラa 4Q286一ii4、6、7、七i6、賢者詩4Q511一〇11、複数＝ベラa 4Q286一ii2、二2、五12。安息歌一11および一一三頁の注（10）参照。

（10）「基《もとい》」（*mwsdy*）の語は、*mwsy* と書いた後 *d* が行間に挿入されている。天の住まいを支える火でできた基（複数形）のこと。ダニ七9－10、エチ・エノク一四9－15、安息歌一二14－17参照。

（11）「光輝」、エゼ一27、安息歌一二6（＝4Q405二〇ii－二二11）参照。

（12）「焔」は複数形。「光輝の焔」、ダニ七9、感謝詩1QH^{a} XIV 21参照。

（13）天の住まいの輝きのこと。エチ・エノク一四16参照。「耀輝」（ゾハル。ここだけ複数形）については、エゼ八2、ダニ一二3、共規4Q262 B4、ベラb 4Q287二5、秘義4Q301四4、幸い4Q525一七6参照。

（14）「火炎」（複数形、ウーリーム）、あるいは「光」（オーリーム）。

（15）「光線」あるいは「河」（複数形）。「火炎／光の光線」（安息歌一二12「火炎／光の光）」参照）、あるいは「火炎／光の河」（安息歌一〇5「火炎／光の河」参照）。

（16）「光体」（マオールの複数形。但し語尾は通常と異なり男性形）は星々のこと。エチ・エノク一四11、17参照。

（17）詩二一6、四五4、九六6／代上一六27、詩一〇四1、一一一3、一四五5、安息歌七16、一一14、18、一三7、9、4Q405一四2（本訳一六四頁）参照。

（18）共規1QS X 12参照。

（19）共規1QS VIII 5参照。

（20）エゼ八2および一27、一〇4参照。

（21）安息歌六31－32、40参照。

（22）共規1QS XI 6–7および感謝詩1QH^{a} IX 7, XX 16参照。

る畏《おそ》れ(1)と癒し(2)[6]と不思議な諸々の業《わざ》、知恵の基盤と知識の型と分別の源(3)、慎重の源(4)[7]と聖性の計画(5)と真実の基盤(6)、洞察の蔵(7)、義の建造物(8)、そして正直の住処、［豊かな］[8]慈愛(9)と善なる柔和(10)、そして真実の慈愛と世々のあわれみ(11)。そしてそれ［らが現れ］るときの不［思議な］諸々の秘義(12)[9]と規定された聖なる諸週(13)、そして月々の諸区分(14)［……］[10]［……］巡りゆく年［々の初め］(15)と定められた栄光の祝祭日(16)、［……］[11]［…………］そして区［分け］(17)された地の安息年(18)［と解］放の［定め］の時期(19)［……］[12]［…………］とわの諸［世代］(20)と［…………］[13]［…………］光と［……の諸計］算(21)［…………］）

断片二a–c

（上端）

[1]［…………］彼らの威光(22)の力強さをもって。そして聖所の（賛美を）挙げる霊たちすべて(23)［…………］[2]［……彼らの諸］評議会［と］彼らの諸々の［統］治において。力における神々(24)の勇士たち(25)[3]［…………］力強く裁きへの熱意(26)[4]［…………］彼らは皆一緒［に］あなたの聖なる名を(27)［祝福する］[5]［…………聖］の聖、そして彼［ら］は詛《のろ》う[6]［…………分］別の知識(28)[7]［…………］そして歓呼する(29)［…………］

(1) 申一〇17、21、詩一四五4–6、ネヘ九32参照。

(2) 出一五26、王下二21–22、イザ六10、五七18、エレ三〇17、箴三8、共規1QS IV 6–7, 4Q504 XV 一＋二 ii 14–15参照。

(3) 感謝詩1QH^a XIII 28, XX 32, 共規1QS XI 3参照。

(4) 神の属性の一つとしての「慎重」。ダマCD II 4、ハバ・ペ1QpHab VII 14、戦い4Q491 一一 i 10参照。

(5) 「計画」（エーツァー）は、クムラン文書ではしばしば「（共同体の／神の）会議」の意で用いられるが、ここではおそらく神の意図や目的を意味する。
(6) 共規 1QS V 5, 感謝詩 1QHa IX 29, X 12, XIII 11, 28, XVIII 6, XIX 7, 12, 19, XXIII 14, 教訓 4Q417 一 i 8、4Q418 四三―四五 i 6、4Q511 五二―五九 1参照。
(7) 賢者 4Q298 三―四 i 9参照。
(8) エゼ四〇2参照。
(9) 出三四6、共規 1QS IV 4, 5, 感謝詩 1QHa XVIII 16, XIX 31, XX 17, XXIII 25, 外典詩 4Q381 四六 a + b 2、光体 4Q504 XV 一 + 二 ii 11、賢者詩 4Q511 五二―五九 1参照。
(10) 共規 1QS II 24、詩一四五7-9参照。
(11) 出二〇6、三四7参照。
(12) 感謝詩 1QHa V 19, 30参照。
(13) 共規 1QS X 5参照。
(14) 「諸区分」(デゲルの複数形)は、「連隊」「旗」または「組」を意味する語。結婚儀 4Q502 二七3、日ごと祈 4Q503 七―九4(および四一頁の注(10))、安息歌一二9(および一四九頁の注(8))参照。
(15) 共規 1QS X 6参照。
(16) ダマ CD III 14-15、日ごと祈 4Q503 一―三13、15、祭日祈 4Q508 一三2参照。
(17) ダマ CD XVI 3-4, メルツェ 11Q13 III 17-18 参照。
(18) 出一三11、レビ二五8、二六35、申三一10、ヨベ五〇2、共規 1QS X 8参照。
(19) 「定めの時期」(モエドの複数形)、あるいは「祝祭日」(第10行参照)。「解放の定めの時期/祝祭日」とはヨベルの年のこと。レビ二五10、エゼ四六17、共規 1QS X 8, メルツェ 11Q13 II 1-8参照。
(20) 「諸[世]代」(*rwry* = *dwry* の写字ミス)あるいは「諸々の[解]放」([*d*]*rwry*)。
(21) あるいは「光と[闇]」。
(22) あるいは「あなたの」。
(23) あるいは「聖所の託宣の霊たち」。「(賛美を)挙げる」と訳した *msʾ* は、「託宣、宣告」とも「負担、仕事」とも訳せる。安息歌一二15および一四九頁の注(17)参照。
(24) 「神々」(エリーム)は天使たちのこと。
(25) 詩一〇三20、戦い 1QM X 6, XV 14, ダマ CD II 17, 安息歌 4Q402 一4(本訳一六〇頁)、賢者詩 4Q510 一3、感謝詩 1QHa XVI 12, XVIII 36-37参照。
(26) 共規 1QS IV 4, X 25、安息歌六57-58、七8、10参照。
(27) 詩一〇六47/代上一六35、代上二九16、戦い 1QM XI 3、ベラb 4Q287 三1、戦い 11Q14 一 ii 4、15参照。
(28) 安息歌八6(4Q403 一 ii 23)、一三24(4Q405 二三 ii 13)、4Q405 一七3(本訳一六四頁)参照。
(29) イザ三五2、詩一三二16、安息歌六34(= 4Q403 一 i 5)、4Q405 二五2(本訳一六四頁)参照。

断片三a－d

[1][…………] [2][…………]御使《みつか》いたち(1)[…………] [3][…………]彼らの任務すべてにおいて(2)[…………] [4][……流]星たちと稲妻たち(3)[…………]雨滴の[雲]の御使いたち、(4)[そして]水の密雲、(5)厚い(雲)(6) [5][…………]そして露のしずく(7)[…………]そして統治(8)の霊たちすべて[6][…………]彼らの創造において[7][…………]彼らが次々と[伝える(9)…………] [8][…………]

断片五a－c

(上端)

[1][…………]地と[その上に]あるすべて、[世界と]そこに住まうもの[すべて](10)、大地とその意匠(11)すべて[2][…………地と]その生きもの(12)[すべ]て、[山々と]丘の[すべ]て、谷々と川床すべて、(13)乾い[た]地(14)[……] [3][…………]その杉、森の木陰(15)と涸れ[た](16)荒野《あらの》すべて[…………] [4][…………]そしてその諸々の不毛の地(17)とその構造の支え、(18)ジャッカルたち(19)と[…………] [5][…………]それ[ら]の果実、高い木々とレバノ[ン]杉すべて(20)[…………] [6][…………穀物、葡]萄酒とオリーブ油、(21)そして産物(22)すべて[…………] [7][…………]そして[十]二カ月間の世界の差し上げる供物(23)すべて[…………] [8][…………]あなたの言葉(24)を。アーメン、アーメン。(25)

(余白)[…………] [9][…………]そして海の被造物、(26)深淵の泉(27)[…………] [10][…………]そして川のすべて、

(1)「[権威]の御使いたち」、「[(あなたの)奉仕の]御使いたち」、「[遣わされた]御使いたち」、「[破壊の]御使いたち」などの復元が可能。「権威」(ミスラット＝ミスラーの連語形)あるいは「奉仕」(メシャレット)。

(2) 以下で触れられる自然現象を司る天使たちのはたらきのこと。

(3) 感謝詩 1QH[a] IX 14 参照。

(4) ヨベ二2参照。

(5) ヨブ三八9参照。

(6) サム下二二12／詩一八12、詩一四七8、ベン・シラ四三14参照。

(7) ヨブ三八28、エチ・エノク七六11-13参照。

(8)「統治」は複数。

(9) 共規 1QS X 4 参照。

(10) イザ一八3、詩二四1、ネヘ九6参照。

(11)「意匠」(*mḥšb*)と訳した語は聖書には現れないが、死海文書には他にも用例がある。感謝詩 1QH[a] XI 33-34、賢者詩 4Q511 三七4、光体 4Q504 XX 一+二vii 7-8参照。「織る、考える、企む」などを意味する語根に由来。ここでは神の被造物たる地の精巧さを表現するものと解した。*DSSR* は「深み」と訳す(詩七四20参照)。

(12) 創七4、23、申一一6参照。

(13) エゼ六3、三六4、6参照。

(14) ヨエ二20、ゼファ二13、エレ五〇12、五一43参照。

(15) エゼ三一3、エゼ三一3参照。「乾いた地」と「杉」の組み合わせはゼファ二13-14。

(16) エレ五〇38、エゼ二九10参照。

(17)「不毛の地」(トーフーの複数形)は、他では単数形のみ知られる。創一2、申三二10、イザ四五18、エレ四23、詩一〇七40、ヨブ一二24参照。

(18)「支え」、エレ五〇15、エズ四12、五16、六3、感謝詩 1QH[a] XI 14, 31, 36 参照。

(19)「ジャッカルたち」、イザ一三21-22、三四14、エレ五〇39。あるいは「島々」。

(20) 詩一〇四16、一四八9、イザ二13参照。

(21) 申一二17、ホセ二10、感謝詩 1QH[a] XVIII 26, 戦い 11Q14 一ii 10、神殿 11QT[a] XXI 8, XLIII 3-9, LX 6 参照。

(22) 写字生は「収穫」(*tenūbōt*)と書いてから *n* と *b* 上に *b* と ʾ を書いて「産物」(*tebūʾōt*)と読ませようとしている。

(23) 祭日祈 4Q508 二一+二三3、4Q509 八4参照。

(24)「言葉」(ダバル)は一般に律法を指す(サム上一五11、ゼカ一6、詩一一九57)。

(25) 二重のアーメンについては、民五22、詩八九53、ネヘ八6、共規 1QS I 20, II 10, 18, ヨベ三三12参照。『ヨハネ福音書』のイエスは、しばしば自分の言葉の冒頭でアーメンを二度繰り返す(ヨハ一51、三3、5他)。同様の用法はアブ遺二〇1-2にも見られる。

(26)「海」は複数。「被造物」(*mṣwr*)は読みも意味も不確か。

(27)「泉」は複数。創七11、八2参照。

深みの河⑴［……………］[11]［……………］海⑵［……………］[12]［……………］彼らの諸評議会すべ［て⑶……………］[13]［…
……………］

断片六

（上端）

[1]［……………］彼らの［……］なぜならあなたは創造した［……………］[2]［……………］それらの定めの時期⑷に。そ
してかれは新しくする⑸［……………］[3]［……………］それらを満足させるために⑹［……………］

断片七a第i欄、b‐d

（上端）

[1]［……………］国々⑺[2]［………そして］彼ら選ばれた者たちす［べて⑻］[3]［……………］そして［……］の詩篇⑼に
ついて［知］っている者たちすべて⑽[4]［……………］そして［祭日⑾］の期間⑿における真実の祝福⒀[5]［……………］そし
てあなたの支配は諸［々の］民のただ中で挙げられる⒁[6]［……………］浄《きよ》い神々⒂の［評］議会は世々（の事物）を知
る者たちすべて⒃と共に、[7]あなたの栄光の名⒄を世［々の期間⒅］すべてにおいて讃［え、そして祝福］すること。アー
メン、アーメン。⒆（余白）

[8]［そして］彼らは加えて⒇［……］の神を祝福する［……………す］べて［……………］かれの真実(21)[9]［……………］

断片七a第ii欄、b‐d（4Q287六と一部並行）

（上端）

1 共同体の会議の［……］、彼らは皆一緒に言う、「アーメン、アーメン」[22]。（余白）そしてその後で、彼［ら］はベリ

(1)「深み」も「河」も複数。
(2)複数。
(3)あるいは「基盤」。三頁の注（5）参照。
(4)あるいは「祝祭日」。
(5)あるいは、「月から（月へ）」(*mhdš*)。
(6)神の創造行為と一年を通じた被造世界の保持のためのはたらきの賛美。
(7)おそらく「国々（の諸々の民すべての中から）」といったイスラエルの民の選びの表現があった。
(8)選民イスラエルか、そこからさらに「選ばれた者たち」（クムラン共同体メンバー）か、あるいは天使たち。
(9)「詩篇」は複数。
(10)「知っている者たち」は、クムラン共同体の「賢者たち」（会衆 1QSa I 28, 感謝詩 1QH^{a} XIX 17, 賢者 4Q298 一 i 3、三-四 ii 4）、あるいは天使たち（安息歌一65、二27、五17）。
(11)「祭日」（モエド）の読みは不確か。
(12)「期間」（ケーツ）は複数。「諸々の時代」とも訳せる。
(13)「祝福」は複数。「真実の祝福」という表現はここのみ。
(14)民二四7参照。
(15)「神々」は天使のこと。ベラa 4Q286 二2参照。
(16)安息歌六45、八2-3参照。
(17)ベラa 4Q286 一1、ベラb 4Q287 二8、詩七二19、ネヘ九5、安息歌六43参照。
(18)「期間」（ケーツ）は複数。「時代」とも訳せる。「永遠」の意。
(19)一七頁の注（25）参照。
(20)共規 1QS II 11、下記七 ii 7参照。
(21)共規 1QS I 19、戦い 1QM XIII 1 参照。
(22)一七頁の注（25）参照。

アル(1)2とその罪責の籤《くじ》(2)すべてを罵る。そして彼らは答えて言う、(3)「詛《のろ》われよ、(4)［ベ］リアルは、その敵意の(5)［企］みゆえに。3そして罵られよ、(6)彼は、その罪責の権威ゆえに。(7)そして詛われよ、彼の［籤の霊］たちすべては、彼らの邪悪な企みゆえに。4そして罵られよ、彼らは、彼らの［穢《けが》］れた汚れの諸々の企みゆえに。なぜなら、［彼らは］闇の［籤］(8)であり、そして彼らの報いは5世々の墓穴(9)だからである。アーメン、アーメン」。（余白）「そして詛われよ、邪悪［な］者は、その統治(10)の［期間すべてゆえに］(11)、そして罵られよ、6ベリ［アル］の子らすべては、彼らの位置の時限(12)すべてゆえに、彼らが朽ち果てるまで(13)［永久に。アーメン、アーメン］」。（余白）

7そして［彼らは加えて言う］、(14)「詛われよ、お前、］墓穴の［御使］い(15)にして奈［落の霊(16)は、お前の罪責］の図る企み(17)すべ［て］ゆえに、8［また忌む］べき［陰謀(18)すべて］と［お前の］邪悪な会議［のゆえに。そして罵］られよ、お前は、［お前の不正の統］治ゆえに、9［またお前の邪悪とお前の罪責の権威ゆえに］、冥《めい》［府《ふ》のけが］れ(19)すべてと共に、ま

（1）「ベリアル」（*beli'al*）は、聖書では「無価値な者」（サム上二12、サム下一六7等）の意で用いられているが、クムラン文書では悪魔化した堕天使のリーダーとして言及される戦い 1QM I 1-17, XIII 11-12, 1QH^{a} XI 28-32 および 1QS III 13-IV 1 参照）。異なる綴りの「ベリアル」（*beliar*）はクムラン文書以外から知られている（IIコリ六15、イザ殉二4、四2、4、シビュラ三63、73、預言生涯四6、20、一七2、十二遺では頻繁に、『聖バルトロマイの質問』一11、16-17、18、四17、25、38、47参照）。

（2）「籤」（ゴラル）はクムラン共同体に特徴的な運命論を表す単語（共規 1QS III 13-IV 1, IV 15-26 等参照）。

（3）「彼らは答えて言う」という言い回しは共同体の祈りでよく用いられる定型文。共規 1QS II 5, 呪詛（メルキ）4Q280 二1-2、戦い 1QM XIII 2, XIV 4, XVIII 6, 戦い 11Q14 一ii 3、神殿 11QT^{a} LXIII 5, および日ごと祈 4Q503（頻繁に）参照。

（4）ここから第4行の「世々の墓穴」まで、戦い 1QM XIII 1-6 参照。「詛う」と次行の「罵る」は、民二三7、共規

1QS II 7, 戦い 1QM XIII 4-5, 呪詛（メルキ）4Q280 二2–5で一緒に用いられている。

（5）共規 1QS III 23, 戦い 1QM XIII 4, 11, ダマ CD XVI 5, 偽ヨベ 4Q225 二 i 9、二 ii 6、13、14、エレ・アポ 4Q387 三 iii 4、4Q390 一11、二 i 7、ヨベ一〇8、一一5参照。

（6）共規 1QS II 7, 戦い 1QM XIII 4, 呪詛（メルキ）4Q280 二5参照。

（7）「権威」（ミスラット＝ミスラーの連語形）あるいは「奉仕」（メシャレット）。

（8）「闇の籤」という表現は、戦い 1QM I 11, XIII 5 にも現れ、「光の籤」（1QM XIII 9）と対比されている。

（9）「世々の墓穴」、共規 1QS IV 12 参照。「永遠の墓穴」、教訓 4Q418 六九 ii 6、一六二4参照。「墓穴」（シャハット）（第7、9、10行、感謝詩 1QH^{a} XI 20 参照）は「奈落」（アバドン、第7行。ヨブ二八22、黙九11、感謝詩 1QH^{a} XI 33、光体 4Q504 XX 一—二 vii 9参照）や「冥府」（シェオル、第9行。感謝詩 1QH^{a} XI 17–19 参照）の同義語（感謝詩 1QH^{a} XVI 29–30, 詩一六10、箴一五11、二七20等参照）。

（10）ベリアルの「統治」については、共規 1QS I 18, 23–24, 戦い 1QM XIV 9–10, XVII 5–6 参照。

（11）「統治」も「期間」も複数。

（12）「時限」はオナーの複数（*ʿwnwt*）。聖書では「性交」の意で一度だけ使われているが（出二一10。結婚儀 4Q502 一—三9参照）、後のヘブライ語では「時期・時季・期間・季節」の意で用いられる（カテ 4Q177 五—六13、戦い 4Q491 一—三15、16、4Q493 8, 10 参照）。ここでは前行の「（ベリアルの）統治の期間」と並行関係にあり、「彼らがベリアルの側に位置している期間」の意。

（13）「朽ち果てる」は「完全である」を意味する語（*tmm*）に由来するが、「朽ち果てる、消え去る」の意でも用いられる。詩七三19、戦い 1QM XIV 7, 知恵言 4Q185 一—二 i 14参照。

（14）上記七 i 8および一九頁の注（20）参照。

（15）「墓穴の人々」や「墓穴の子ら」という同様の表現について、共規 1QS IX 16, 22, X 19, ダマ CD VI 15, XIII 14 参照。

（16）「墓穴の御使い」および「奈落の霊」はベリアルの別称。前注（1）（8）参照。

（17）創六5、エレ四九30、詩三三10–11、共規 1QS I 6, ダマ CD II 16, 洪水 4Q370 一 i 3、外典詩 4Q381 七六—七七2、幸い 4Q525 七4、感謝詩 1QH^{a} X 18–19, XII 13–14、フロ 4Q174 一 i ＋二＋二一8–9参照。

（18）詩一〇2、二一12、箴二四8、感謝詩 1QH^{a} X 18, ダマ CD V 18–19, 呪詛（メルキ）4Q280 二6参照。

（19）「けがれ」（ゴアルの複数）、ネへ一三29、ダマ CD XII 16参照。

た［墓穴の恥辱と］(1)共に、[10]［そして］殲滅《せんめつ》の諸々の汚［辱と共に、(2)残る者無く赦しもな］く、(3)［神］の憤りの憤怒をもって、(4)［世々永久すべてにわたっ］て。アーメン、アー［メン］。

[11]「［そして詛われよ、］自らの［邪悪な企みを］行う者［たちす］べてと、［神の契約に対して謀《はかりごと》をしようと自らの心の中で］陰謀を起こす者たちは、(5)[12]そして［……］かれの［真実の先見者たちの諸々の言葉(6)……］そして［トーラーの諸］裁きを取り替えること(7)［…………］[13]［…………］

断片八

（上端）

[1]［…………］彼らの［……］永遠の神(8)に［…………］[2]［…………］永遠［…………］[3]［…………］彼ら［…………］

断片九

[1]［…………］[2]［…………］[3]［…………］アーメン、アーメン[4]［…………］彼らは［答］えて言う(9)[5]［…………］われらの(10)［…………］

断片一一

[1]［…………あなたの］栄光の名に(11)［…………］[2]［…………］あなたに［…………］[3]［…………］聖な［る…………］

断片一二（4Q287二12–13と一部並行）

[1][…………]あなたの[…………]そして[…………][2][…………壮]麗さにおけるあなたの[従]者たち⑫[…………][3][…………]におけるあなたの義の[御使い]たち⑬[…………][4][…………]聖の[聖な]る者たち[…………]

断片一五

[1][…………]寡婦⑭[…………][2][…………貧しい者]たち⑮[…………][3][…………]

（1）「恥辱」（ヘルパーの複数）、詩六九10、11、ダニ一二2、トビ4Q200一i3参照。共規1QS IV 12–13も参照。

（2）「汚辱」（ケリマーの複数）、イザ五〇6、ミカ二6、幸い4Q525一五7参照。

（3）共規1QS II 7–8, 14–15, IV 14, 戦い1QM I6, 呪詛（メルキ）4Q280二4–5、出講4Q374二ii4参照。

（4）共規1QS II 15, IV 12, V 12–13, 戦い1QM IV 1–2参照。

（5）第11行は呪詛（メルキ）4Q280二5–6参照。

（6）呪詛（メルキ）4Q280二6–7参照。

（7）感謝詩1QH^a X 18–20, XII 11–12, ハバ・ペ1QpHab V 11–12, イザ・ペ4Q162二7–8参照。

（8）創二一33、感謝詩1QH^a XV 34参照。

（9）七ii2および二〇頁の注（3）参照。但し、そこでは完了形の動詞が使われているが、ここで「言う」は完了形だったところが後から未完了形に修正されている。

（10）「われらの[父祖たちの神]」などの復元が可能。

（11）「[あなたの]栄光の名に[感謝する／を讃える]」などの復元が可能。七i7参照。

（12）詩一〇三21、一〇四4、感謝詩1QH^a XIII 23, 賢者詩4Q511三五4、戦い1QM XIII 3, 安息歌一4、8、一二23参照。

（13）厄除け6Q18五2、安息歌七9参照。

（14）ダマCD VI 16–17, 4Q269九5／4Q270五19／4Q271三12、神殿11QT^a LIV 4参照。

（15）この復元は不確か。

断片一六

1［……］2［……］の来臨(1)において［……］

断片一七 a-b(2)

1［……］マネと(3)［……マネ（?）］の十分の一［……聖所のシェケルで半シェケル(4)……アロ］ンの子ら2［……
……］の頭《かしら》たちは登録する(5)［……なぜなら彼らこそが］裁きと財産を［支配し(6)］、そして［……］

（下端）

断片一八

1［……］氏族たちの中に(7)［……］2［……］

断片二〇a、b＋一三―一四＋4Q288 一(8)

1［……神の共同体(9)においては、人はその仲間を真実と善意の謙遜と］義《ただ》しい［意図をもって叱責すること(10)］。2［そして真実へ］立ち帰るときに過った［者については］、彼らの［命令に従って］彼を叱責し(11)、また［もし彼が違反しても彼に対して］憐れみをもつ(12)。3そして［人はその仲間に日から日に(13)怨］恨を抱いてはならない(14)。4［自分の心の中で彼を憎んでは］ならない(15)。［そうすれば彼のゆえに罪を負うことは］な［い。そして］共同体の人［々(16)に啓示さ

(1)「来臨」または「報い」(プクダーの連語形)。終末論的な神のこの世への介入およびそれに伴う裁きと報いを表現する単語。

(2)この断片は Nitzan (DJD XI 39) による復元に基づいて訳出する。

(3)お金の単位。次行の「登録」と考え合わせ、人口調査の際に支払うことが義務づけられた半シェケルの納税規定(後の神殿税)と関係している可能性がある(出三〇11-16、三八26、代下二四4-14、マタ一七24-27参照)。クムラン共同体は年ごとの召集儀礼に先んじて人口調査と徴税を行ったのかもしれない(ハラ 4Q159 一 ii 16、神殿 11QTa XXXIX 7-11、ハラ 4Q513 一—二 i 1-2および共規 1QS II 19-23, ダマ CD XIV 3-6 参照)。

(4)出三〇13、エゼ四五12参照。

(5)あるいは「彼らは[……]の頭たちを登録する[………]」。

(6)共規 1QS IX 7 参照。

(7)ベラb 4Q287 五9ないし同13と関係するかもしれない。あるいは断片一七とつながって、クムラン共同体への入会儀礼と関係する可能性もある(会衆 1QSa I 9-15 参照)。

(8)ここでは Nitzan の暫定的な復元 (DJD XI, 46) に従って訳出する。復元の内訳は、第1-5行= 4Q286 二〇a 1-5、第2-4行= 4Q286 一三1-3、第4-11行= 4Q288 一1-8、第5-8行= 4Q286 二〇b 9-10。Nitzan の復元が正しければ、第1-11行全体は、レビ一九17-18のクムラン共同体による敷衍的解釈であり、仲間に対する叱責ないし忠告の規定を扱っている(共規 1QS V 24-VI 1, VI 15, VII 8-9, 17-18, IX 17-18, ダマ CD VII 2-4, IX 2-8, IX 16-X 3, XV 12-13, XX 3-13, 叱責 4Q477 参照)。同様の規定について、ベン・シラ一九13-17、ガド遺六1-7、マタ一八15-17、21-22、ルカ一七3-4、『ディダケー』一五3参照。Iコリ五1、13、六1-6、IIコリ二5-11も参照。

(9)共規 1QS I 12, II 22 参照。類似の「神の評議会」(1QS I 8)、「聖なる評議会」(1QS II 25)という表現も参照。

(10)共規 1QS II 24-25, V 24-25 に基づく復元。1QS IX 18参照。

(11)ダマ CD VII 2-3, IX 2-8 参照。

(12)ダマ CD XIII 9, 共規 1QS IV 3 参照。

(13)「一日を超えて、二日以上にわたって」の意。ダマ CD VII 3, IX 6-8, 共規 1QS V 26-VI 1 参照。

(14)レビ一九18、ダマ CD VII 2-3, IX 2-5, XIII 18, 共規 1QS VII 8, 秘義 4Q299 七4-5参照。

(15)レビ一九17、共規 1QS V 24-26 参照。

(16)共規 1QS IX 19 参照。

れたことについて、[1]］5自らの恵［みの愛[2]をもって彼を聡からしめ、］また［謙遜の］霊[3]をもって謀《たばか》りの［諸業[4]から彼を
逸らす[5]］。6［多数者を監査する者は、[6]彼らの諸裁き[7]］すべてについて彼を訓練し、[8]7証［人たち］の面前で彼を叱［責
しながら、[9]彼の諸業をすべての罪から潰《つい》え去らせる。[10]いかなることであっても、誰も自分の魂のために起《た》ち上がっ
てはならない。[11]］8［なぜなら……］罰せられる[12]［からである。……………を……。また、自分の魂のために救いを
求め、[13]］9［自分の仲間の口に逆らってはならない[14]］。憤怒と［邪悪な霊の］妬みとをもって[15]［彼に向かって語り、］
10［……と燃え上］がる憤怒［をもって自分の同志の訓練を無視してはならない[16]］。そして［公正］なく逆らい起つこ
と[17]11［……………］

4Qベラホートb（4Q287）

断片一

（上端）

1［…………］そして諸々の光体[18]2［…………］それらの［……］それらの星座[19]において3［…………］それらの
［……］の祝祭日すべてにおいて4［…………］それらすべて。アーメン、アーメン。[20]5［…………］

断片二a、b（4Q286 一二と一部並行）

（上端）

1［…………］それらの［……］そして［…………］それらの諸々の冠板《かむりいた》[21]［…………］2［…………］それら

(1) クムラン共同体に啓示された律法の解釈のこと。共規 1QS I 9, V 9, VIII 1, 15–16, IX 13, ダマ CD III 13–14 参照。
(2) 共規 1QS II 24, V 4, 25, VIII 2 参照。
(3) 共規 1QS IV 3 および III 8 参照。
(4) 共規 1QS IV 9, VII 5, 感謝詩 1QH^{a} IX 29 参照。
(5) 「逸らす」または「遠ざける」。共規 1QS IX 20–21、バル 4Q436 一 ii 1参照。
(6) 「監査する者」はクムラン文書におけるテクニカル・ターム。共規 1QS VI 12, 20, ダマ CD IX 18–19, 22, XIII 6, 7, 13, 16, XIV 8, 11, 13, XV 8, 11, 14, ダマ 4Q266 五 i 14、七 iii 2、3、一一16、4Q267 八 4、4Q271 三 14、4Q275 三 3、規則 5Q13 四 1参照。
(7) 共規 1QS III 1, 5, VIII 20, 会衆 1QSa I 5 参照。
(8) 「訓練する」。申四36、八5、イザ二八26、詩三九12、九四12、箴九7、三一1、共規 1QS VI 14–15, 会衆 1QSa I 8, ダマ CD XIII 17 XV 13–15, XX 4–5 参照。「訓練」（名詞、複数形）が律法との関連で用いられることもある（1QS III 1, CD VII 5, 8）。
(9) 共規 1QS VI 1, ダマ CD IX 2–4, 17–18, マタ一八16参照。
(10) 共規 1QS IV 20, ダマ CD XV 13–15 参照。
(11) 「復讐してはならない」の意。共規 1QS VII 8–9 参照。
(12) 共規 1QS VII 8–9 参照。
(13) 共規 1QS VI 27, ダマ CD IX 10 参照。
(14) 「仲間の意見に逆らってはならない」の意。
(15) 共規 1QS V 25–26, ダマ CD IX 3–4, 6 参照。
(16) 共規 1QS VI 26 参照。
(17) 共規 1QS VI 26, VII 17–18 参照。
(18) 複数形の語尾が通常と異なり男性形。ベラa 4Q286 一 ii 3、エゼ三一8参照。
(19) 王下二三5、ヨブ三八32参照。
(20) 一七頁の注（25）参照。
(21) 「冠板」（キウール）は（天の）神殿の柱頭の飾り（神殿 11QT^{a} VI 5, XXVI 10 参照）。同じ綴りをキオールと読めば、神殿祭儀に用いられた「洗盤」（出三〇17–21、王上七30、38–39、43）を意味する。

の［……］それらの威光の諸［型⑴……………］[3]［…………］それらの栄光の前［廊の壁］、それらの不思議の扉⑵［……………］[4]［…………］それらの［……］火の御使いたちと雲の霊たち⑶［…………………］[5]［……………聖］の聖なる色とりどりの霊たちの耀《よう》⑷［輝《き》⑸……………］[6]［………………］聖なる諸々の天蓋⑹［…………］[7]［…………］聖の［聖なる霊たちは………の］祝祭日すべてにおいて［歓呼する…………］[8]［…………そして彼らは］あなたの神性⑺の栄光の名を⑻［祝福する…………］[9]［…………］彼らの［……］そして聖［なる］従者たち⑼すべて［…………］[10]［………彼ら］の諸業の完全さ⑽において［………………］[11]［…………あなたの支配］の諸宮殿⑾において［…………………の不思］議[12]［…………］彼らの威光の［壮麗さ⑿におけるあなたの］従者［たち］すべて、［……］の御使いたち[13]［…………彼らの不思議な諸す］まい⒀におけるあなたの聖なる［霊たち］、あなたの義の御使いたち⒁

（下端）

断片三（4Q286六1、一二4と一部並行）

（上端）

[1]彼らの［畏るべきことにおいて⒂……］、そして彼らは［聖の中の聖なる者たち……］の祝福をもってあなたの聖なる名を祝福する。⒃［…………⒄］[2]［そして］肉なる被造物すべて、［あなたが］創造されたものすべてはあなたを［祝］福する［…………］[3]［……］家畜と鳥と這うものと海の魚とすべての⒅［……………］[4]［……………あ］なたこそそれらすべてを新しく創造された⒆［……………］[5]［………………］

（1）「諸［型］」（タブニットの複数形）については、出二五9、申四16-18、ヨシ二二28、エゼ八3、代上二八11、18、戦い1QM X 14. 安息歌七15参照。

（2）「前廊」「壁」「不思議」「扉」はすべて複数形。神殿の前廊の壁と扉には彫り物の飾りがあった。王上六29–35、エゼ四一17–25、マラ一10、代下三4–7、四9、22、二八24、二九3、7参照。

（3）詩九七2–3、一〇四3–4、出一四24、エゼ一4、28、安息歌一二5（4Q405二〇ii—二二10）参照。

（4）安息歌七24（4Q403一ii1）参照。

（5）「耀［輝］」（［ゾ］ハル）または「浄さ」（［ト］ハル）。一三一頁の注（7）参照。

（6）「天蓋」の複数形の用例については、安息歌一二11（11Q17 VIII 一九—二〇2）、26–27（4Q405二三i6–7）、一三32（11Q17 X二三—二五8）参照。

（7）「神性」（エロフート）は「神」（エロヒーム）の抽象名詞。中世のヘブライ語からは知られているが、聖書には現れない。安息歌一2（4Q400一i2）、安息歌七4（4Q403一i33）参照。

（8）ベラa 4Q286七i7、一一2参照。

（9）ベラa 4Q286一二2および二三頁の注（12）参照。

（10）創二〇5–6、王上九4、詩一〇一6、箴一〇9、二〇7、共規1QS VIII 10, 18, 21, IX 6, 8, 9, ダマCD VII 5参照。

（11）「宮殿」と訳した語は、聖書では王の宮殿（王上二一1他）、神殿（イザ六1他）、本堂（王上六3他）、あるいは天の神殿ないし神の宮殿（サム下二二7／詩一八7、詩一一4、二九9）を指す。クムラン文書でも同様。戦い1QM XII 13/XIX 5/4Q492一5、安息歌一13（4Q400一i13）、一三32（11Q17 X8二三—二五8）、祝福1QSb IV 25–26，秘義4Q301五2参照。

（12）詩九六6参照。

（13）「すまい」（マオンの複数形）。聖書に複数形の用例はない。「すまい」一般を指す語だが、安息歌では天における住まいを指す（安息歌二23、24、七18、八2、6、28）。エチ・エノク三九4–5、申二六15、共規1QS X 3, 戦い1QM XII 2, 戦い4Q491一一15（14）、20、賢者詩4Q510一3、4Q511四一1参照。

（14）二三頁の注（13）参照。

（15）ここは直前の断片末尾に繋がり、「彼らの［畏るべき］ことにおいてあなたの義の御使いたち……」となる可能性がある。「畏るべきこと」（ここでは複数形）は聖書では義のための闘いとの関連で用いられることがある（詩四五5、六五6、イザ六四2–4。詩一〇六22参照）。クムラン文書では、神（ベラa 4Q286一ii5、安息歌七13、一二33）および天使（安息歌一二13）に用いられている。

（16）おそらく祝禱の終わりの定式。

（17）おそらく「アーメン、アーメン」という会衆の応答が記されていた。

（18）創一24–26、六19–20、七14、八17、九2参照。詩一四八、三人の祈り36–67、光体4Q504 XX 一–二vii 6–9、賢者詩4Q511一1–4では、全被造物が神を祝福し讃えている。

（19）創八17、詩一〇四30、ヨベ五12参照。

断片四

[1]［……………］年ごとに［……］に応じ［て(1)……………］[2]［……………］彼らの［かたい］項《うなじ》［(2)……］。そしてあなたは人間に支配させた(3)［……………］[3]［……………］アーメン、アーメン。(4)（余白）［……………］[4]［……………］すべてにおいて［……………］

断片五

[7]［……………］[8]［多］くの諸国民の［財宝］を与え［る(5)……………］[9]［……………］彼らの氏族たち(6)［……………］[10]［……………］あなたの義の真実において、［あなたの支配が挙］げられるとき(7)［……………］[11]［そして］彼らは皆一［緒］にあなたを［祝福する］(8)。アーメン、アー［メン。］[12]［……………］あなたに近づ［く］者たちと胤《たね》［………………］[13]［……………］となる大地の氏族たち［……………］

（下端）

断片六（4Q286 七ⅱと並行(9)）

断片七

（上端）

[1]［……………］彼らの常闇《とこやみ》(10)［……………］[2]［……………アーメ］ン、［アーメ］ン。（余白）

[3]［……………］

断片八

1-11［…………］12［…………］13［…………］罪責の［……］と淫行《いんこう》の目と⑾［……］のはたらき⑿［…………］

（下端）

断片九

1-11［…………］12［…………］13［…………］あなたの義の定めを［拒む⒀…………］

（下端）

（1）「に応じ［て］」、または「規［則］において」（*bsr*［*kh*］）。但し読みは不確か。

（2）出三二9、三三3、5、三四9、申九6、13参照。ここでは共同体の規則から外れた者を指しているのかもしれない（共規 1QS II 11–17, 26, IV 11, V 24, VIII 22–23, カテ 4Q182 一1-3）。

（3）創一28、詩八7、ベン・シラ一七2、光体 4Q504 I 八6、外典詩 4Q381 一7参照。

（4）一七頁の注（25）参照。

（5）イザ六〇5、ゼカ一四14、戦い 1QM XII 14 参照。

（6）詩二二28、九六7、代上一六28、エレ一〇25、ゼカ一四17、戦い 1QM X 14, ダマ 4Q266 一 10、秘義 4Q299 六ii 2参照。

（7）ベラa 4Q286 七·i 5参照。

（8）ベラa 4Q286 二4、七·i 6-7、七ii 1、ベラb 4Q287 一4、四3参照。

（9）本断片は、各行一単語程度しか残っていないが、ベラa 4Q286 七ii と同じテキストの写しであると考えられ、テキストのほとんどはそれに基づいて復元されているため、ここでは訳出しない。

（10）詩七四20、八八7、19、一四三3、イザ二九15、四二16、哀三6、共規 1QS IV 13, 戦い 4Q491 八—一〇i 15参照。

（11）共規 1QS I 6, ダマ CD II 16, 4Q270 一·i 1参照。

（12）共規 1QS IV 15–16, 25 参照。

（13）ハバ・ペ 1QpHab V 11–12, イザ・ペ 4Q162 ii 7、4Q163 二三ii 14、ダマ 4Q266 七iii 5、一一5、4Q270 七1、19参照。

断片一〇

1-11 [……]

12 [……]

13 [……かれの聖]なる霊のメシアたちに対して(1)[……]

(下端)

4Qベラホートc (4Q288)

断片一 (4Q286 二〇参照)

断片二

(上端)

1 [……人は]その仲間たちと(2)[……]

2 [……]彼が立ち帰るとき(3)[……]

3 [……]

断片三

1 [……]の貧しい者たち(4)[……]

2 [……]知識(5)と[……]

3 [……]

4Qベラホートd（4Q289）

断片一a、b

1［……そして］邪悪の会［議(6)……］における彼らの任［務(7)……］2［……そして］殲滅の諸［々の汚辱(8)という、と］わの諸々の詛《のろ》い(9)、［……］3［……］神の真実に(10)、そしてかれの名を祝福するこ

（1）ダマ 4Q270 二 ii 14、ダマ CD V 21–VI 1, 詩一〇五15参照。クムラン共同体における二人のメシア待望については、共規 1QS IX 11, ダマ CD XII 23–XIII 1, XIV 19, XIX 10–11, XX 1 参照。

（2）共規 1QS IX 19 参照。

（3）ベラ a 4Q286 二〇2参照。

（4）「貧しい者たち」（エビオニーム）はクムラン共同体の自称。感謝詩 1QHa X 34, XIII 24, 戦い 1QM XI 9, ハバ・ペ 1QpHab XII 3, 6, 詩・ペ 4Q171 II 10、III 10参照。

（5）「知識」はクムラン共同体への神からの賜物。共規 1QS II 3, XI 15, 18, 感謝詩 1QHa VI 36, XIX 11, 31（30）参照。

（6）「邪悪の会［議］」あるいは「邪悪な［者ども］の会［議］」。詩一1、フロ 4Q174 一 i 14参照。

（7）戦い 1QM XIII 5, ハバ・ペ 1QpHab X 11, 感謝詩 1QHa IX 29, 賢者詩 4Q511 一八 ii 6、教訓 4Q416 一10、4Q418 二一2参照。

（8）共規 1QS IV 13（「汚辱」は単数）、上記ベラ a 4Q286 七 ii 10および一三頁の注（2）参照。

（9）幸い 4Q525 一五4参照。共規 1QS II 17 も見よ。

（10）共規 1QS XI 4 参照。

と、⑴そして［…………］4［…………］それから⑵［多数者の］頭に立つ［監］督者である祭司⑶は［…………］5［…………］聖なる［御使いたちは彼らの会衆］すべてのただ中に⑷［…………］6［…………そして］かれの前で［感謝すること。そして彼らは答えて言う、］祝福されよ［…………］7［…………］すべて［…………］

断片二

1［…………］あなたは創造した⑸［…………］2［…………］それらすべてと⑹［…………］3［…………祭司］たち⑺［と契約に］入る者たち⑻［…………］4［…………］アーメン、アーメ［ン⑼…………］

断片三

1［…………］のすべて［…………］2［…………の御］使いたち［…………］

4Qベラホートe（4Q290）

1［…………］アーメン［…………］2［…………ベリアルの統治の日］々すべては終わる⑽［…………］3［…………］震怒の［時代］に⑾［…………］、そしてなぜなら［…………］

（下端）

解説

『ベラホート』はヘブライ語で書かれた五つの写本が残されている（「ベラホート」という言葉はヘブライ語で「祝福」の意）。本訳の底本には *DSSR* を用いたが、一部の復元テキストについては B. Nitzan, DJD XI（1998）に従い、また全体に James R. Davila, *Liturgical Works*（Eerdmans Commentaries on the Dead Sea Scrolls; Grand Rapids – Cambridge: Eerdmans, 2000）をも参考にした。

本文書は、『共同体の規則』（1QS）、『ダマスコ文書』（CD）、『戦いの巻物』（1QM）の内容と言葉遣いを反映しており、また「ヤハド」（共同体）という自称を用いていることから、クムラン共同体に由来することは確実と思われ、クムラン共同体の年ごとの契約更新儀礼にかかわる祝福と詛いについての規定から構成されている。

（1）ベラa 4Q286 二4、七i7、8、ベラb 4Q287 二8、三1参照。
（2）「それから」（ʾaz）は典礼法規における手順を特徴づけている可能性がある（結婚儀 4Q502 一九5参照）。そうとすれば、1-2行目の「邪悪の会議」に対する詛いは「祭司」以外の誰かが発言し、「それから」祭司が「語る」と続いていたかもしれない。
（3）ダマ 4Q269 一〇ii12（= CD XIV 6-7）、共規 1QS VI 14 参照。
（4）ダマ 4Q266 八i9（= CD XV 17）、会衆 1QSa II 8-9, 戦い 1QM VII 6, 戦い 11Q14 一ii14-15参照。
（5）ベラa 4Q286 六1、ベラb 4Q287 三2、4参照。
（6）ベラb 4Q287 三4参照。
（7）「と」の読みは不確かなので、「[契約に] 入る [祭司] たち」とも復元可能。
（8）共規 1QS I 16-II 18, ダマ CD II 2, III 10, VI 19 参照。
（9）一七頁の注（25）参照。
（10）「終わる」あるいは「朽ち果てる」（ベラa 4Q286 七ii6および二一頁の注（13）参照）。戦い 1QM I 8（=4Q496 I 三8）、エチ・エノク九1-12、秘義 1Q27 一i7、戦い 1QM XIV 7, イザ・ペ 4Q161 II 5-7 参照。共規 1QS IV 23, 感謝詩 1QH^a XXI 29も参照。
（11）感謝詩 1QH^a XI 29, ダマ CD I 5, 4Q266 二i3、一一18-20参照。

祝禱冒頭の「彼らは答えて言う」や「詛われよ」、祝禱末尾に繰り返される「アーメン、アーメン」という言い回しは、本文書が儀礼に際して用いられたことを示している。また、「年ごとに」（4Qベラb四1）という表現や共同体メンバーの登録にかかわる規定（4Qベラa一七）などは、本文書が年ごとの契約とかかわることを示している。『共同体の規則』（1QS I–II）に記された儀礼と似ているが、祝福については1QS II 2–4と異なり、入会者ではなく神が祝福の対象となっており、また詛いについてはセクトの内と外の対立（1QS）ではなく、『戦いの巻物』（1QM XIII 4–5）と同様に、神とベリアルの対立が強調されている。

写本の年代は最も古い『4Qベラホートd』（4Q289）が後二五―五〇年頃であり、それ以外はすべて後五〇年頃に由来する。

ユダヤ教は神とイスラエルの民の契約をその柱とするが（レビ二六章、申二七―二八章参照）、クムラン共同体は神と自分たちが契約を締結していると考え、その契約更新の儀礼を七週祭のときに行っていた。共規1QS I 18–22によると、「彼らが契約にはいるときには、祭司たちとレビ人が救いの神とそのすべての真実な業とを讃え、契約にはいる者は皆彼らに続いて言う、『アーメン、アーメン』と。そして祭司たちは、神の正義の業をそれらの驚くべき業において述べ、イスラエルに対する慈しみ深い恵みの業のすべてを、言い聞かせる」ことになっているが、そこには神を賞讃する言葉そのものは記されていない。本文書にはその一部が残されているようである。神への賞讃には、神による自然界の創造の業を讃える詩歌（4Qベラa三、五、六、4Qベラb一、三、4Qベラd二）と、天における神の玉座を讃える詩歌（4Qベラa一ii、二、4Qベラb二）とが含まれる。前者は聖書にも見られる詩歌であるが（詩六五、一〇四篇等参照）、後者は『エゼキエル書』一章の釈義に由来する詩歌のジャンルに属し、『安息日供犠の歌』や『ヨハネ黙示録』一五章2–4節や後のヘーハロート文学（『マアセー・メルカバー』五四四、五八五等参照）などにその類例を確認できる。

その他、本文書には共同体の規定が記されているが（4Qベラa一七、4Qベラa二〇＋一三―一四＋4Qベラc一）、それらは聖書に記された法規定を、クムラン共同体が解釈して自分たちに当てはめたものである。

日ごとの祈り……………………（4Q503）

上村　静　訳

内容

一年のある月の日付けごとの、夕と朝の祈り。

断片四(1)

1［そして太陽が］出て［地上を照らすとき(2)、彼らは祝福し、答えて言う、「祝福されよ、イスラエルの神、」2［…

（1）第7行に「六日の夕方」への言及があるので、本断片1-6行は五日の朝の祈り、7-10行が六日の夕の祈り、11行が六日の朝の祈りの冒頭。

（2）朝の祈りの冒頭（創一15、17参照）。ここでは五日の朝の祈り（前注）。

……を］告げ［る］方①［…………］[3]なぜなら、［今］日［…………］[4]栄［光］の祝祭日②［…………］[5]かれ
は［かれの］栄［光］を満たす［…………平和があなたの上にあるように、］[6]イスラエルよ」。（余白）
[7]そして［その月］の六日の［夕方に、③彼らは祝福し、答えて言う、「祝福されよ、イスラエルの神……］[8]かれが［…
……］夜［…………］[9]われらは聖者た［ち］と共に④［…………］[10]五つ［の光の籤《くじ》⑤…………］[11]［……
…］」

[12]そして［太陽が出て地上を照らすとき］とき［…………］

断片七―九⑥

[1]［…………］昼の光⑦、われらが知るために⑧［……］[2]［…………］六つの光の門⑨において［…………］[3]［……
……そして］あなたの契約の子らである［われらは、あなたの名を］讃える、[4]［光］の連隊⑩すべてと共に。知識
の舌⑪［すべ］て［をもって…………］。祝福せよ⑫［…………］[5]光。平和が［あなたの上にあるように、イスラエ
ルよ。…………］」（余白）［…………］
[6]［その月］の七日［の夕方に、彼らは祝福し、言う］、「祝福されよ、イス［ラエル］の神［……］[7]義［…………こ
れら［すべ］てを［……］によってわれらは知った⑬[8]［…………］祝福されよ、［イスラエルの］神［…………］」

断片一〇⑭

[1]［そして］太陽が［出て］地上を照らす［とき、彼らは祝福し、…………］[2]［……］光の連隊と共に。そして今
日［…………］[3]［…………］九の日に⑮［…………］

断片一一

1[…………]（余白）[…………]2その月の十[二]日の夕方に、(16)[彼らは祝福し、…………]3[…………]

（1）「告げる方」（*hmspr*）は、「数える方」または「（その）数」とも訳せる。

（2）「栄光の祝祭日」という表現は聖書には現れないが、ダマCD III 14-15, ベラ 4Q286 一 ii 10、日ごと祈 4Q503 一―三13、祭日祈 4Q508 二三2に見出せる。「祝祭日」の原語はモエドの複数形。通常「定められた時期」を表すが、そこから特定の日、祭日、安息日などを指す単語としてしばしば用いられる。本文書では多くの場合「（祝）祭日」の意味で用いられている。

（3）日付けと夕方への言及が夕の祈りの冒頭をなす。7-10行が夕の祈り、11行目が同じ日の朝の祈りの冒頭。ユダヤ教では夕方（日没）から一日が始まる。

（4）「聖者たちと共に」（*ʿim qôdāšîy* [*m*]）は、「かれの聖なる民」（*ʿam qôdšô*）と読むことも可能（断片一一3参照）。

（5）「籤」（ゴラル）は「割り当て」の意。六日目の月には「五つ」の光が割り当てられる（解説参照）。

（6）第2行の「六つの光の門」と第6行の「七日」への言及から、本断片1-5行が六日目の朝の祈り、6-8行が七日目の夕の祈り。

（7）イザ六〇19、エレ三一35参照。

（8）あるいは「われらの知識では／のために」。

（9）「門」は太陽の出てくる門。門の数は日付けと同じ。六日の光の門は六つ（解説参照）。

（10）「連隊」（デゲルの複数形）は、「旗」または「区分・組」を意味する語（民一52、二2、3、10、17、18、25、31、34、一〇14、18、22、25参照）。ここでは月の動きにかかわる「光」のまとまりを指す。安息歌一二9および一四九頁の注（8）参照。

（11）「知識の舌」（「舌」は複数形）という表現は、安息歌一三23（4Q405 二三 ii 12）にも現れる（箴一五2参照）。

（12）あるいは「かれは祝福した」。

（13）「これらをわれらは知っている」という言い回しは、光体4Q504 V 四5＝4Q506 一三一―一三二10にもある（戦い1QM X 16参照）。

（14）おそらく九日の朝の祈り。

（15）あるいは「昼間に。九つの[…………]」。

（16）「夕方に」はここでは *bʿrm* と書かれているが、おそらく *bʿrb* を写字生が間違えたもの。

そしてかれの聖なる民であるわれらは、今夜高められる［…………］4［…………］そして証人たちは①われらと共に、昼の持ち場に就いて②［…………］5［…………］（余白）［…………］

断片一三—一六③

1［…………］光たちの神④［…………］2［…………］光、そして証人［たち⑤…………］3［…………］昼の［光…………］4［…………祝福されよ、］あなたの［名］は、イスラエルの神よ、［……の］す［べて］において。5［…………］（余白）［…………］6［…………］7［…………］8［…………］高［み］における聖［の聖］⑥［…………］9［…………］かれの聖なる［名…………］10［…………］そして［聖の］聖の中の栄光［…………］11［…………］そして聖の聖⑦にいるわれらのための証人たち⑧［…………］12［…………］昼の光の支配において。⑧祝福されよ、［…………］13［…………平］和があなたの上にあるように、イ［スラエルよ］。14［…………祝福］されよ、イスラエルの神、不思議［を為す］方［…………］15［…………］地、そして今夜［…………］16［…………］われらに加えること［…………］17［…………］それに対するその分割⑨すべて［…………］18［…………］イスラエ［ル］の神［…………］19［…………］あなたの聖性［…………］20［…………］［十］三⑩［…………］21［…………］十二⑪［…………］22［…………イ］スラエル［…………］23［…………］イスラエル［…………］24［…………］あなたの［聖］性［…………］

断片一—三⑫

1そして［太陽が］出て天の蒼穹《そうきゅう》⑬［…………］とき、彼らは祝福し、答え［て言う］、2「祝福されよ、［イスラエルの］神、［…………］そしてこの日にかれは新しくした［…………］3［十］四［の光の門］において［…………

…〕われらに支配〔……………〕4十〔……〕[14]の連〔隊……………太陽〕の熱[15]〔……………〕5それ[16]が過ぎ越す[17]とき〔…

（1）「証人たち」はおそらく天使たち。断片一三―一六11、六五2-3参照。

（2）天使たちが共同体と共に祈りに参加するの意か。

（3）本断片は末尾に十三日の（朝の？）祈りを含んでいる（後注（10）参照）。

（4）同じ表現は安息歌4Q405四六2（本訳一六六頁）に現れる。類似の表現について、イザ二5、詩四四4、一三六7参照。

（5）「証人たち」はおそらく天使たち。前注（1）参照。

（6）「至聖所」あるいは「聖者たち」とも解せる。その場合、天使たちを指す。

（7）テキストの*bqwd qwdšym*を*bqwdš qwdšym*に読み替える。

（8）おそらく天使たちを指す（前注（1）参照）。『安息日供犠の歌』によれば、天使たちは地上の祭儀に対応して天上の神殿で供犠を行っている。

（8）類似の表現について、創一16、詩一三六7-9、共規1QS X 1参照。

（9）おそらく、月の満ち欠けにおける光と闇の分割（Davila, 226）。

（10）「十三」は、おそらくこの日の太陽の光の門の数を指す。それは、その日の日付けと常に一致する。

（11）十三日には、月の光に十二の割り当てがある（解説参照）。

（12）本断片は、第6行に十五日の夕方への言及があるので、1-5行が十四日の朝の祈り、6-11行が十五日の夕の祈り、12-15行が十五日の朝の祈り。

（13）「天の蒼穹」は、創一14、15、17、20に現れる。

（14）「十〔……〕」は、十から十九のいずれか（前行末尾の一の位が欠損）。

（15）「〔太陽〕の熱」（*ḥwm h*［*šmš*］）、出一六21、サム上一一9、ネヘ七3参照。あるいは、「昼の熱」（*ḥwm h*［*ywm*］）とも復元できる（創一八1、サム上一一11、サム下四5参照）。

（16）あるいは「かれ」。

（17）「過ぎ越す」という動詞は過越祭との関連で出一二13、23、27で用いられている（ミシュナー『ペサヒーム』一〇5参照）。過越祭は、第一の月の十四日とされているので（レビ二三5）、本文書が第一の月を扱っている可能性がある。

……かれの」大能《たいのう》の手の「力をもって…………平和があなたの上にあるように、」[6a]〔イスラエルよ(1)〕。

[6]「その月の十」五日(2)の「夕」方「に」、彼らは祝福し、答え「て言」う、「祝福されよ、「イスラエルの」神、[7]「…………を」閉じる方(3)、かれの前に、かれの栄光の分割(4)すべてにおいて。そして今夜「…………」[8]「…………永遠、そしてかれに感謝すること。「そして」初「め」におけるわれらの償い(5)「…………」[9]「…………」光の器(6)の回転「…………」今日、「十」四(7)「…………」[10]「…………」昼の光。平「和が」あなたの「上にあるように」、イスラエルよ。[11]「…………」」（余白）「…………」

[12]「そして太陽が出て……」地上を照らす「とき」、彼らは祝福し、答え「て言う」、[13]「「…………」喜びの祝祭(8)と栄「光」の祝祭日のためにある「…………」[14]「…………」十五の「光の」門「において…………」[15]栄「光」の祝祭日「…………」夜の籤《くじ》において「…………」

断片二九―三二(9)

[1]そして「神の」平和が「あなたの上にあるように、イスラエルよ。…………」」

[2]「その月の十」六日の「夕方」に、「彼らは祝福し、答えて言う、「祝福されよ、イスラエルの神、」[3]自らのためにかれは聖別した「…………」[4]そして今夜「…………」[5]「…………」われらにとって貴い「……」。平和「…………」[6]「…………」神がエシュル「ン(10)」を祝福されるように。「…………」」

[7]「そして太陽が出て」地上「を照らすとき」、彼らは祝福し、「答えて言う、「祝福されよ、イスラエルの神。[8]「…………」光「の……は……を」喜ぶ(11)「…………」[9]あなたの名を「讃え」る、光たちの神よ、あなたは新しくした「…………」[10]「十六の」光の門「において」。そしてわ「れら」と共にあなたの栄光の歓呼において「…………」[11]夜の「連」隊。神の平和があなたの「上」にあるように、イスラエルよ、「太陽が」出るときに」。「（余白？）」

12 その月の十七日の夕方［に］、彼らは祝福し、答え［て言う、「祝福されよ、イスラエルの神、］13［…………讃］
えること［…………］14-16［…………］

（1）「イスラエル」の語は、6行目冒頭の行間に付加されている。

（2）第一の月の十五日は種入れぬパンの祭の初日（レビ二三6）であり、第七の月の十五日は仮庵祭の初日（レビ二三34）に当たる。

（3）「閉じる」（*stm*）という動詞は、聖書では主に泉を止めるという意味で用いられる（創二六15など）。ここでは文脈上、天体の現象と関係している。エルサレム・タルムード『サンヘドリン』一〇28cでは、この動詞は、天使が天の窓を閉めるという意味で用いられている。

（4）「分割」はおそらく月の満ち欠け（光と闇の部分）にかかわる（上記、断片一三―一六17参照）。

（5）聖書では、「償い」の語は、エジプトに対する災いと関連づけられ（出八19。詩一一一9参照）、動詞「償う」は、出エジプトの出来事との関連で用いられている（申七8、九26、一三6、一五15、二四18、サム下七23／代上一七21、ミカ六4、詩七八42）。「初め」はおそらくイスラエルの民が初めて償われた出エジプトと関係している。

（6）「光の器」は天体のこと。

（7）おそらく十五日に月に割り当てられる光の籤を指す（解説参照）。

（8）「祝祭」の原語はハグ（「祭」）の複数形で、本文書で「（祝）祭日」と訳しているモエドとは別の語（四一頁の注（2）参照）。「祝祭」とは三大巡礼祭である過越祭、七週祭、仮庵祭のこと。祝祭に際しての「喜び」については、申一六11、15、二六11、代下三〇21-27、神殿11QT[a] XXI 8-9、ミシュナー『ペサヒーム』一〇5-6、『スッコート』四8、五1、4、『ターニート』四8参照。

（9）第1行が十五日の朝の祈り、2-6行が十六日の夕の祈り、7-11行が十六日の朝の祈り、12-16行が十七日の夕の祈り、17-21行が十七日の朝の祈り、22-24行が十八日の夕の祈り。

（10）「エシュルン」（「まっすぐな者」の意）は、聖書ではイスラエルを指す詩的呼称（申三二15、三三5、26、イザ四四2）。

（11）「光［の……は……を］喜ぶ」、あるいは「光。彼ら／それらは喜ぶ」。

[17]［そして太陽が出て地上を照らすとき、彼らは祝福し、答えて言う、「祝福されよ、イスラエルの神」[18]［…………
……われらの］喜び①［…………］[19]［…………］夜の連隊［…………］[20]［…………］われらは今日［…………

…］[21]［…………神の平和があなたの上にあるように、イス］ラエルよ、［永遠の］祝［祭日］すべてにおいて」。

［（余白？·）］
[22]［その月の十八日の夕方］に、［彼］らは祝福し、答えて言う、「祝［福されよ、イスラエルの神、…………］[23]［…
…………］聖［の聖］。そして今夜［…………］[24]［…………］

断片三三第i欄②

[1]［…………］昼の光[2]［…………高め］られる[3]［…………］聖[4]［…………］の祝祭日[5]［…………］
[6]［その月の二十日の夕方に、彼らは祝福し、答えて言う、「祝福されよ、イスラ］エル［の神、］[7]［…………栄］光。
そして今夜[8]［…………の］諸王国に。[9]［…………の］回転において[10]［…………］平和が[11]［あなたの上にあるように、イスラエルよ…………］」。
[12]［そして太陽が地上に出るとき、彼らは祝福し、答えて言う、「祝福されよ、イスラエルの神、…………］[13-15]［…
…………］

断片三四④

[1]（16）［…………そして］われらは［われらの義］のために［立］つ［だろう⑤…………］[2]（17）［…………平和があなたの
上にあるように、イスラ］エルよ。（余白）［…………］
[3]（18）その月［の二十一日］⑥の［夕］方に、彼らは祝福し、答えて言う、［「祝福されよ、イスラエルの神、］[4]（19）［…………］

そして今夜は、われらにとって[闇]の支配の初めである(7)[…………] 5 (20) […………祝福]されよ、あなたは、イスラエルの神よ、[……を]あなたは立てた。[…………] 6 (21) [平和があなたの上にあるように、イスラエルよ、]夜の定めの時期すべて(8)においてた(9)。（余白）[…………]

（1）「われらの喜び」、断片三三ii2参照。あるいは「あなたは[われらを]喜ばせた」とも訳せる。

（2）本欄および同じ断片の第ii欄はパピルスの上半分が残されており、第ii欄が二十一日の朝の祈りから始まっていることから、本欄（第i欄）には、十九日と二十日の祈りが含まれていたと考えられる。おそらく1‐5行が十九日の朝の祈り、6‐11行が二十日の夕の祈り、12行以下が二十日の朝の祈りであった。

（3）ここを「二十日」と復元する根拠については、前注を見よ。

（4）断片三四は、DJD VII および *DSSSE* では断片三三第i欄に続くものとされ、その判断に基づいて第3行（断片三三第i欄の続きとすれば第18行）の欠損部分も「二十一日」と復元されている。しかし、この断片の位置は不確か。後注（9）を見よ。ここではテキストは底本に従うが、断片三三とは離して訳出する（行番号は断片三四の番号に加えて断片三三第i欄に続く番号を括弧内に表示）。

（5）ダニ二二13に基づく復元。

（6）この復元は不確か。後注（9）を見よ。

（7）「[闇]の支配の初め」は太陰暦の月初めを指すのかも知れない。それは太陽暦の三十日に当たる。後注（9）参照。

（8）詩一〇四19参照。ここで「定めの時期」（モエドの複数形）と訳した語は、本文書では通常「祝祭日」と訳している（四一頁の注（2）参照）。

（9）第6（21）行の最後の単語の後に、写字生によって一つのしるしが付されている。Baillet はこのしるしを数字の二十一を表すものとし、この断片を二十一日としてここに位置づけた（DJD VII 115）。しかし、このしるしはヘブライ文字のタヴ（但し、4Q298と同じ変則文字）である。したがって、この断片がここに位置するかどうかは確かではなく、それゆえ3（18）行目の「二十一日」という復元も不確か。タヴがヘブライ語のアルファベットの最後の文字であることからすれば、「三十日」の可能性がある（Davila. 230f.）。前注（7）参照。

断片三三第ii欄—断片三五(1)

[1]そして太陽が［地］上に出［る］とき、［彼らは祝福し、答えて言う、「祝福されよ、あなたは神、[2]昼の］光でわれらの喜びを［あなたは］更新された。［…………］[3]われらの喜［び……］の日のように［…………］[4]かれの喜びにおいて（彼らは）立ち［…………］[5]平［和］があなたの上にあるように、イスラエルよ［…………］」。（余白）

[6]その［月の二十二日(2)の夕方に、彼らは祝福し、答えて言う、「祝福されよ、」あ［なたは神…………］[8]［…………］[9]［…………］イスラ［エル…………］

[10]［地］上に［太］陽が［出るとき、彼らは祝福し、…………彼らは答えて[11]言う、「［祝福］されよ、神、［…………］[12]二十［二］の［光の門(3)において…………］[13]［……平和が］あなたの上にあるように、イ［スラエルよ…………］』。

[14]［その月の］二［十三日の夕方に、彼らは祝福し、答えて言う…………］

断片三七—三八

[1-11]［…………］[12]［永］遠に。（余白）

[13]［その月の二十］五日の［夕方に、彼らは祝福し、答えて言う、「祝福されよ、」[14]聖者［たち(4)］すべての神［…………］[15]聖なる［……］、そしてわ［れら］にとっての休息(5)［…………］[16]彼の支配(6)の籤から［…………］[17]［…………］」。

[18]［そして太陽が地上に出るとき、彼らは祝福し、答えて言う、「祝福されよ、聖］者たち(7)［すべての神。」[19]［…………］[20]二十［五の光］の門(8)［…………］[21]（彼らは）われらと共に讃え(9)［…………］[22]われらの栄光。平和が

［あなたちの上にあるように、イスラエルよ…………］」。

23そして［その月の二十］六日の［夕方に、彼らは祝福し、答えて言う、「祝福されよ、」24［………………］

断片三九

1［…………］2［…………］なぜなら〔それは［……］の夜である［……］それが身を隠す(10)まで［……］(11)〕十三の闇の籤(12)［…………］3夕と朝の［連］隊(13)［……］われらの平和。平和があなたの上にあるように、［イスラエルよ…………］

（1）本断片1-5行は二十一日の朝の祈り、6-9行は二十二日の夕の祈り、10-13行は二十二日の朝の祈り、14行は二十三日の夕の祈りの冒頭。
（2）レビ二三36によると、第七の月の二十二日は、七日にわたる仮庵祭を締めくくる八日目で、聖なる集会、祝会が行われ、すべての労働が禁じられる（民二九35-38参照）。
（3）二十二日には二十二の光の門がある。
（4）「聖者たち」はおそらく天使たち。
（5）一年三百六十四日の太陽暦によると、第一の月の二十五日は安息日に当たる。安息日と「休息」については、出二〇11、二三12、申五14、ミシュナー『ターミード』七4参照。
（6）「彼の支配」あるいは「それの支配」。天使ないし月を指すか。
（7）前注（4）参照。
（8）二十五日には二十五の光の門がある。
（9）おそらく天の神殿で安息日を祝う天使たちを指す。
（10）「それが身を隠す」という読みは不確か。
（11）〔〕内は行間に書かれており、判読困難。
（12）「十三の闇の籤」は、二十八日と三十日の夕方に当たる。
（13）「夕と朝の連隊」という表現はここのみに現れる。

断片三六

1［…………］六［日］目(1) 2［…………］義 3［…………彼らは祝福し、答えて言う、］「祝福されよ、神 4［……
……］栄光の祭に(2) 5［…………］

断片二一―二五

1［…………］かれの栄光の光(3)において。そしてかれはわれ［ら］を喜ばすだろう［…………］2［…………］わ
れらに言う［…………］3［…………］聖［の聖(4)…………］4［…………］（余白）［…………］5-6［…………］
7［…………］かれの栄光［…………］
8［そして太陽が出て］地上を［照らすとき］、彼らは祝福し、［答えて言う、「祝福されよ、］9［イスラエルの神、］
かれはすべての諸国民からわれらを選ん［だ(5)…………］10［…………］休息と歓び［の］祭［日(6)…………］11［…
…………喜］んで［…………］12［…………光］たち［…………］

断片四〇―四一第ii欄

1「そしてその徴《しるし》(7)［…………］2そして支配において［…………］3［イスラエルの］神の名［…………平和があ
なたの上にあるように、イ］スラエルよ、［夜の］定［めの時期］すべてにおいて」。
4そして［太陽が］出て［地上を照らす］とき、［…………］第三の(8)［…………］5われらの栄光［…………］聖
なる休息(9)［…………］6そして彼らは［あなたを］讃え［…………］そして［あなたの聖なる］名はすべての聖
［者たちの口によって］讃えられる(10) 7［…………］聖者たち［…………］8栄光［…………］

断片四八―五〇

1[…………]2[…………平和があなたの上にあるように、イス]ラエルよ」。（余白）
3[その月の…………の夕方に、彼らは祝福し、答えて言う、「祝福されよ、]イスラエルの神、4[…………]
われらの喜び[……]5[…………今夜はわれらにとって]われらの[喜]びの[祝祭]日の三番目である。(11) そして
あなたは[……]6[…………]あなたの救い。平和が[あなたの上に]あるように、[イ]スラエルよ」。（余白）
7[そして太陽が出て]地上を[照]らす[とき]、彼らは祝福し、答えて言[う]、「祝福されよ、イス[ラエル]の神、
8義の子ら[と]共にある[神]々[の全万軍の神](12)は、義とする(13)[……]すべ[て]の上に神[…………]

(1) 週の「六日目」の意ならば金曜日のこと（創一31、出一六5、22、29、ミシュナー『ハギガ』三7）。あるいは、第4行の「祭」（＝巡礼祭）への言及から、過越祭（種入れぬパンの祭）ないし仮庵祭の「六日目」のことかもしれない（次注参照）。
(2) 「祭」（単数）。三大巡礼祭のどれかであろう。四五頁の注(8) 参照。
(3) エゼ四三2参照。
(4) あるいは「聖者たち」（＝天使たち）と復元することも可能。
(5) 申七6、一四2参照。ヨベ二19ではイスラエルの選びが安息日遵守と関係づけられている（次注参照）。
(6) 安息日のことか。断片三七―三八15参照。安息日と「休息」については、出二〇11、二三12、申五14、ミシュナー『ターミード』七4を、安息日と「歓び」については、イザ五八13-14参照。
(7) あるいは、「そして彼を」とも訳せる。
(8) 序数の単数女性形。何を指すかは不明。
(9) 安息日と関係するか。
(10) 第6行について、詩一一三3参照。
(11) 「[今夜は…………]三番目である」という復元は不確か。
(12) この復元が正しいとして、「神々」は天使たちのこと。断片六五2 および五三頁の注 (9) 参照。
(13) あるいは「[全万軍の神]、そして義」。

断片五一―五五

1［…………］2［…………］鑯［…………］3［…………］感謝の宣言（1）［……］世々［…………］4［…………］5［…………］十［……］（2）の栄［光］の門［……］6a［…………］昼の光。平和が［あなたの］上［にあるように、イスラエルよ。（3）］

6［その月の…………日の夕方に、彼らは祝福し、答えて言］う、「祝福されよ、イス［ラエル］の神［…………］7［…………］8［…………］光の連隊（4）［…………］9［…………］あなたはあなたの栄光の諸々の讃美でわれらに［知ら］せた［…………］10［…………］夜の定めの時期［すべてにおいて］。平和があなたの上にあるように、［イスラエルよ、］11［…………］（余白）［…………］

12［そして太陽が出て地上を照らすとき、彼らは祝福し、答え］て言う、「祝福されよ、イスラエルの神［…………］13［…………］かれは偉大［な］かれの英知の企図（5）をわれらに［知］らせた14［…………］光の鑯、われらが諸々の徴を知るために15［…………］16［…………］（余白）［…………］

17［その月の…………日の夕方に、彼らはイスラ］エル［の神を祝福する］。彼らは答え［て言う、］18［…………］かれの栄光［…………］19［…………］五番目［…………］

断片六二（6）

1［…………］イス［ラエル］の神［…………］2［…………］諸安息日に（7）［…………］3［…………］聖なる［…………］

断片六四

[1]〔その月の…………日の〕夕方に、〔彼らは祝福し、答えて言う、「祝福されよ」、[2]〔イスラエルの神…………〕われらの〔…………〕[3]〔…………〕祭司職〔…………〕[4]〔…………〕われらにとっての徴、〔……の〕祭日の夜の〔…………〕[5]〔…………〕われらと共に⌈(彼らが)讃える⌉夜〔…………〕[6]〔…………〕(余白)〔……………〕

[7]〔そして太陽が出て〕地上を〔照らすとき〕、彼らは祝福し、〔答えて言う〕、[8]〔「祝福されよ、イスラエルの神、〕世々の祝〔祭〕日〔すべてにおいて〕。そして〔今日……〕[9]〔…………〕連隊〔…………〕

断片六五(8)

[1]〔彼らは祝福し〕、答えて言う、「祝〔福されよ、イスラエルの神…………〕[2]〔…………〕神々の万軍(9)〔……
……〕[3]〔…………〕光、〔われら〕と共なる証人たち(10)〔…………〕
[4]〔…………太〕陽、「祝福されよ、〔イスラエルの〕神〔…………〕[5]〔平和が〕あなたの〔上にあるように、イ

---

(1)「宣言」と訳した語(*ʾḥwh*)はアラム語に由来し、ヘブライ語では、ここ以外にヨブ一三17のみ知られる。
(2)数字の「十」は判読できる。十から十九のどれか。
(3)⌈⌉内は5行目と6行目の間に挿入されている。
(4)「連隊」の語はここでは *dqly.* と綴られている。他の箇所では *dgly.* 四一頁の注(10)参照。
(5)「英知の企図」(*mahašebet bînāh*)、秘義4Q300五1参照。
(6)本断片は *DSSSE* に採用されていないので、DJD VII を底本とする。
(7)複数形の「安息日」への言及。
(8)本断片は *DSSSE* に採用されていないので、DJD VII を底本とする。
(9)神を「万軍の主」と呼ぶ言い方は聖書に頻繁に現れる。天使たちは、聖書および死海文書で、しばしば「神々」(エリーム)とも呼ばれる。
(10)「証人たち」もおそらく天使たちを指す。

スラエ］ル［よ、……………］

断片六六①

1［……………］われらと共に今日［……………］2［［祝福されよ、］あなたの名は、イスラエ［ル］の神よ、［……
……］3［平和が］あなた［の上にあるように］、イスラエルよ。（余白）［……………］
4［……………彼らは祝福し、答えて言］う。［［祝福されよ、］

断片六七②

1［イス］ラエル［の神……………］2［……………］八番目の連隊③［……………］3［……………］夜、強くすること
［……………］

断片六九④

1［……………］安閑⑤［……………］2［……………］祝福されよ、イスラ［エル］の神［……………］3［……………］
祭日［……………］

解説

本文書は、両面にテキストが書かれた一つのパピルスの巻物の表面（裏面は4Q512）であり、二百二十五の断片が残るが、大半は数文字が読めるのみ。基本的に*DSSSE*を底本に採用したが、ヘブライ語テキストについてはM. Baillet, DJD VII（1982）と*DSSR*も参照し、また翻訳と注および一部の断片の位置については、D. K. Falk,

Daily, Sabbath, and Festival Prayers in the Dead Sea Scrolls（Leiden : Brill, 1998）と J. R. Davila, *Liturgical Works*（Eerdmans Commentaries on the Dead Sea Scrolls ; Grand Rapids – Cambridge : Eerdmans, 2000）をも参考にした。

　本文書は、ある月について、毎日夕と朝の二回朗唱される祈りが記されていたと思われる。復元できるのは約十日分の祈りの一部であるが、元来は一月分すべてについて記してあったと思われる。どの月にかかわっているのかは明言されていないが、過越祭への暗示と思われる箇所があるので、そうであれば第一の月（西暦の三―四月）、あるいは仮庵祭と関連して第七の月（西暦の九―十月）かもしれない。『日ごとの祈り』のテキストは、この一月についてしか残されていないが、それが偶然によるのか（残りの月については失われてしまった）、特にこの月についてのみ祈りが規定されていたのかは定かでない。本訳では断片三九までは再構成された日付け順に配してあるが、その後の諸断片については元来の位置は不明である。

　夕の祈りには日付けが付されており、ユダヤ教の習慣に従って、一日の始まりを日没においていたことがわかる。朝の祈りには「光の門」ないし「栄光の門」という表現が数字を伴って現れるが、それはその日の日付けと一致する。「籤《くじ》」の語も「光」「闇」「夜」といった語および数字と共に夕と朝の祈りに現れるが、これは月の満ち欠けに関係している。月には光と闇の間で十四の籤が割り当てられ、日ごとに一つずつ移行していく。すなわち、太陰暦

（1）本断片は *DSSSE* に採用されていないので、DJD VII を底本とする。

（2）本断片は *DSSSE* に採用されていないので、DJD VII を底本とする。

（3）「連隊」（デゲル）は本文書にしばしば用いられているが、ここだけ単数形でかつ序数が伴われている。「連隊」は分割され番号を振られていることになるが、その意味合いは不明。

（4）本断片は *DSSSE* に採用されていないので、DJD VII を底本とする。

（5）エゼ一六49参照。この語は安息日の祈りにふさわしいように見える。

の第一の日（新月）には、月には十四の闇の籤が割り当てられ、光の籤はない。第十五日（満月）には、逆に十四の光の籤が割り当てられ、闇の籤に割り当てはない。第二十八日には一つの光の籤と十三の闇の籤が割り当てられることになる。この太陰暦のシステムはエチ・エノク七三―七四、七八章に書かれているものと同じである。本文書が太陰暦を考慮に入れていることは以上のことから明白であるが、他方で、安息日が特定の日に当たることを想定しているようにも見える（断片三七―三八）。特定の月の特定の日に同じ曜日がくるためには、三百六十四日で一年となる太陽暦が採用されていたと考えねばならない（エチ・エノク七四章）。おそらく太陰暦と太陽暦とが併用されていたのであろう。そうであれば、本文書は三十日まで含んでいたことになる。

『日ごとの祈り』は、神に二人称で呼びかけているが、朝の祈りの末尾では「平和があなたの上にあるように、イスラエルよ」とイスラエルが二人称で呼びかけられている。このことは、祈りの本体が会衆によって朗唱され、それに祭司による祝福が続いた可能性を示唆する（民六22-26参照）。この祈りは、共同体の夕と朝の典礼の中で唱えられたのであろうと思われる。

光体の言葉 （4Q504, 4Q506）

上村　静　訳

内容
週の第一日（日曜日）から安息日（土曜日）までの各日に唱えられる一週間の祈り。

光体の言葉a （4Q504）

第〇欄（断片八裏面）
光体の言葉(1)

（1）「光体」も「言葉」も複数形。本文書のタイトル。「光体」と訳した語（マオール）は「（天の）発光体」、すなわち「天体」のこと。

第Ⅰ欄（断片八表面）

1［…………。(1)憶えて］ください、主［よ］(2)、［…………］ことを。2［…………］そしてあなたは世《よ》［々《よ》に］生きておられる。(3)［…………］3［…………］いにしえの諸々の不思議と［世々の年々以来の］(4)諸々の畏《おそ》るべきこと(5)［…………］4［…………］われらの［父アダムを］あなたは［あなたの］栄光の姿に造られた(6)［…………］5［…………生命《いのち》の息を］あなたは彼の鼻に［吹］き入れられた。(7)そして分別と知識(8)［であなたは彼を満たされた(9)…………］6［…………］あなたの植えたエデンの［園に］。あなたは［彼に］支配させた(10)［…………］7［…………］そして栄光の地を歩き回ること(11)［…………］8［…………］彼は守った。(12)そしてあなたは逸［れる］ことのないよう(13)彼に義務づけた(14)［…………］9［…………］彼は肉であり、(15)そして塵《ちり》に(16)［…………］10［…………］

（余白）そしてあなたは知っておられる(17)［…………］11［…………］永遠の代々《よよ》にわたって(18)［…………］12［…………］生ける神、(19)そしてあなたの手［…………］13［…………］の道々にいる人間［…………］14［…………］⌢地［を］⌣［暴］虐［で満たし］、［無実の血を］流［す］こと(20)［…………］15［…………］

（1）*DSSSE* は、「第一の日の祈り」という言葉を復元する。「第一の日」とは日曜日のこと。

（2）下記、Ⅹ17, Ⅺ8 参照。「憶えてください、主よ」という呼びかけは、『祭日の祈り』（1Q34 ＋ 34bis, 4Q507–509［4Q505］）にも頻繁に現れる。詩八九51および詩一三二1、一三七7、哀五1参照。

（3）申三二40、ダニ一二7、厄除け6Q18二5参照。

（4）「世々の年々」は詩七七6に基づく復元であるが、*DSSSE* は不採用。

（5）「不思議」と「畏るべきこと」（どちらも複数形）の組み合わせは、詩一〇六22参照。

（6）ここではアダムの創造物語（創一26、五1）が、エゼ一28のヤハウェの栄光の形象を身にまとう一人の人の姿と関連づけられている。これら三箇所にはいずれも「姿」（*d*^{e}*mût*）の語があり、鍵言葉となっている。但し、創一章では神はアダムを「創造する」（*brʾ*）が、創二7ではここと同じく「造る」（*yṣr*）。共規 1QS Ⅳ 23 とダマ CD Ⅲ 20 の「アダムの栄光」とギリシア・バルク四16の「神の栄光」

を失うアダムとを比較せよ。後世のミドラッシュによると、堕罪以前のアダムとエバは、「皮（ʿôr）の衣」（創三21）ならぬ「光（ʾôr）の衣」を着ていたという（『創世記ラッバー』二〇12）。同じ伝承がアダ・エバ20-21の背後にもあるようだ。

（7）創二7参照。さらに創七22、イザ二22、ヨブ二七3、共規1QS V 17参照。

（8）おそらく、創三5-6を暗示している。ベン・シラ一七7、エゼ二八4も参照。

（9）この欠損部分の復元は、*DSSSE* では不採用。

（10）第6行はおそらく創一26、28、二8、15に関係している。エゼ二八13も参照。「支配させる」という動詞については、ベラ4Q287四2、外典詩4Q381一7参照。

（11）あるいは、「地を歩き回ること。栄光［…………］」。ゼカ一10、六7参照。おそらく、アダムとエバを誘惑しようと歩き回るサタンを指す（ヨブ一7、二2参照）。「栄光」はイスラエルの地と関連づけられることがある（サム上四21-22、エゼ四三2、詩八五10、戦い1QM XII 12, XIX 4）。『ヘブライ語エノク書』五1-6には、エノシュの時代に偶像崇拝が始まるまでは、シェヒナー（神の臨在）の輝きがエデンの園にあったという伝説が残されている（スラブ・エノク三一章参照）。

（12）あるいは「彼は守［らなか］った」。この場合、創三章のアダムの禁令違反を指すことになるだろう。

（13）「逸れることのないよう」という表現は、申一七20、ヨシ二三6、エレ三二40に現れる。

（14）「人に義務づける」という言い回しについて、エス九21、31参照。

（15）創六3、詩七八39、感謝詩1QH^a VII 34参照。

（16）創二7、三19、詩一〇三14、一〇四29、ヨブ一〇9、コヘ三20、感謝詩1QH^a XVIII 6参照。

（17）詩一〇三14、感謝詩1QH^a XV 16, 19参照。

（18）「永遠の代々」という表現は、本文書 XII 5, XV 12（11）, XIX 10-11 にも現れる。ここではおそらくノア契約に言及している。創九12、トビ一三11、ヨベ四26、感謝詩1QH^a VI 17, XIV 14, 聖書パラ4Q158 一―二9、創出パラ4Q422 II 10-11、III 7、祭日祈4Q507 三2参照（アラム語のレビ遺4Q213a 三17も参照）。イザ五一9、感謝詩1QH^a IX 17-18と比較せよ。

（19）同じ表現は、本文書 XVIII 10, マラ・アポ5Q10 一4にも現れる。

（20）この二つの表現については、創六11、13、エゼ八17、九9および申一九10、13、王下二一16、二四4、イザ五九7、エレ七6、二二3、17、ヨエ四19、詩一〇六38、箴六17参照。ここではおそらくノアの洪水に至る暴力と流血について語られている。創六11、13、九6、エチ・エノク九1、スラブ・エノク七〇5、シビュラ一154-156、ヨベ七22-25参照。

（断片九）

16-17［…………］18［…………］諸々の浄い［…………］19［…………］彼らは置いた［…………］20［…………］21［…………］かれの諸々の［定］め、①そしてかれは高めた［…………］22［…………］そして数［…………］

第Ⅱ欄（欠損）

第Ⅲ欄（断片六）

1［…………］そして［…………］2［…………］そして［……］の企みの実②［…………］3［…………の諸々の］掟すべてを理解すること［…………］4［…………］その作物、［……］理解す［る］こと［…………］5［…………］あなたの諸々のわざ③の中に常に［…………］6［…………］どうか［憶］えてください、われらすべてがあなたの民であることを。④あなたはわれらを不思議な仕方で7鷲の［両翼の上に］乗せ、われらをあなたのもとへと連れて来られた。⑤そして、鷲がその巣を揺り動かし、8［その雛鳥の上を］羽ばたき漂い、その両翼を広げ、取って［その羽］の上にこれを乗せるように⑥9［…………］われらは孤高の内に［住］み、諸国民の中に数えられない。⑦そして［…………］10［…………］あなたはわれらの只中におられる、⑧火と雲の柱の中に［…………］11［…………］あなたの［聖］性はわれらの前を歩み、⑨あなたの栄光⑩は［われらの］ただ中にある⑪［…………］12［…………あなたの］僕《しもべ》モーセの顔⑫13［…………］なぜならあなたは［…………］14［…………］｛そして｝あなたは｛まったく｝罰しな［い］というわけではない⑬［…………］15［…………］人が［自分の息子を］訓練するように⑭［…………］16［…………聖］なる者たちと浄《きよ》い者た［ち⑮…………］17［…………］人間は［それらを行い］、そ

れらによって生きる[16][……………]
18 [……………あなたが]誓っ[た誓]い[17][……………]
19 [……………]あなたの

(1)「諸々の定め」あるいは「諸々の裁き」。
(2)エレ六19参照。
(3)イザ一二4、詩九12、六六5、七七13、七八11、一〇三7、一〇五1、代上一六8、共規1QS IV 1参照。
(4)イザ六四8参照。
(5)出一九4参照。
(6)「鷲が……乗せるように」は、ほぼ申三二11の引用。
(7)民二三9参照。
(8)戦い1QM X 1、エレ一四9参照。
(9)出一三21、22、三二1、23、民一四14、イザ五二12参照。
(10)民一四22参照。
(11)第10-11行には民一四14が反映している(出一三21-22、一四24も参照)。
(12)おそらく出三四35に言及している。モーセを神の僕と呼ぶことは聖書に頻出(出一四31、民一二7、8、申三四5、ヨシ一1など。ヨシ・アポ4Q378 二二 i 2、本文書XVIII 14も参照)。
(13){ }内は写字生による後からの挿入で、テキストは{*wnqh*} *wlʾ tnq*[*h*]. これは、「{そして彼は無実である。}そしてあなたは罰さ[ず]にはおかない」と訳すことも可能であるが(*DSSSE*. 出二〇7、申五11、ヨブ九28、一〇14参照)、*wlʾ*を*lʾ*に読み替えると、「まったく罰さないというわけではない」となり、ここの前後の関連聖書箇所に現れる表現となる(民一四18、出三四7、ナホ一3、エレ三〇11、四六28参照)。ここではDJD VII その他に従って後者の訳を採用した。
(14)申八5、本文書XVI 6-8参照。
(15)文脈は失われているが、クムラン文書では、しばしば天使たちが「聖なる者」や「浄い者」と呼ばれる。シナイ山でトーラーが啓示されたときに天使たちが臨在していたとする伝承も知られている(ヨベ一27-29、使七38、53、ガラ三19)。
(16)レビ一八5、エゼ二〇11、13、21、ネヘ九29、ダマCD III 15-16から復元。これらの箇所すべてで、「それら」は律法を指す。
(17)アブラハムにイスラエルの地を与えるという神の約束(創一二7)は、しばしば神の誓った誓いとして描かれている(創二六3、五〇24、出一三5、民一四16、23、申七8、エレ一一5、詩一〇五9等)。

面前で［……………］[20]［……………］祝福されよ、主、［……………］[21]［………………あなたの］大いさをわれらは測り知る①［……………］[22]［……………］生けるものすべての霊②［……………］

・

第Ⅳ欄（欠損）

第Ⅴ欄（断片四＝4Q506 一三一―一三二7-14③）

[1]［……………］[2]［……………］代々《よよ》［にわたって］あなたが受け入れた④［と］ころの［……………］[3]［……………］地、そして［……］のすべての仕事［…………あなたは彼らに与えた、］[4]［彼らの心の善の中に。なぜ］なら、あなたは諸々の知識の神で⑤あり、あらゆる考［え⑥……………］[5]［あな］た［の前に。］これらのことをわれらは知っている、⑦あなたが［われらに］聖［なる］霊を賜ったがゆえに⑧。［われらをあわれんでください、］[6]［そして］われらに対して思い起こ［さないでください］⑨、かつての者たちの⑩諸々の咎《とが》を、彼らの悪し［き］行いすべてについて、また］[7]彼らがその項《うなじ》を［かたくしたことを］⑪。あなたは、われらを買い戻し⑫、［どうか］われらの咎と［われらの］罪を赦してください⑬。[8]［………あなたが］モーセを通して命じ［た］トーラー⑭［……………］[9]［……………］す［べ］ての中に［……………］[10]［……………］祭司たちの［王国］、聖なる国民⑮［……………］[11]［……………］あなたの選んだ⑯［……………］。［われらの心の］包皮に割礼を施してください⑰。［……………］[12]［……………］再び。［……………］するよう⑱われらの心を強くしてください⑲。[13]［……………］あなたの道を歩む［こと⑳……………］[14]［……………祝福されよ、］主㉑、かれは［われらに………を］知らせ［た］。[15]［……………］アーメン、アーメン㉒。（余白）［……………］[16]［…………㉓憶えてください、］主よ、あなたの聖なる名を［……………］[17]［……………］あなたのために、そして言葉の上に［……………］[18]［……………］[19]［……………］背き［……………］[20]［……………］霊［……………］

（1）「測り知る［ことができない］」と欠損部分を補うことも可能。詩一四五3、ヨブ五9、九10参照。

（2）共規 1QS IV 26, 詩・外 11Q5 XIX 3-4 参照。

（3）断片四は、光体 c（4Q506）一三一―一三二7-14とほぼ同一のテキストであり、欠損部分の復元は同断片に基づく。

（4）詩四四4参照。

（5）「諸々の知識の神」（エル・ハ・デオット）という表現は、サム上二3、共規 1QS III 15, 感謝詩 1QH^a IX 28, XX13（＝4Q427 八 ii 16）, XX 34, 秘義 4Q299 三五1、七三3、3Q379 二二 i 6、教訓 4Q417 一 i 8、4Q418 四三―四五 i 6、五五5に現れる。ほぼ同じ「エロヘー・デオット」という表現が、賢者詩 4Q510 一2、4Q511 一7-8にある。

（6）「あらゆる考え」という言い回しは、共規 1QS IV 4, XI 19, 戦い 1QM XIII 2 に見られる。

（7）戦い 1QM X 16, 感謝詩 1QH^a IX 23, 日ごと祈 4Q503 七―九7参照。

（8）神による霊の恩賜は、感謝詩 1QH^a VI 36 でも言及される。

（9）詩七九8参照。

（10）「かつての者たち」（直訳は「最初の者たち」。レビ二六45、申一九14参照）、光体 c の並行箇所では「かつてのわれらの父祖たち」（光体 4Q506 一三一―一三二12）。

（11）「項をかたくする」という表現は、聖書ではイスラエルの民についてしばしば言われる。出三二9、三三3、5、三四9、申九6、13など参照。また共規 1QS IV 11, VI 26 も見よ。

（12）詩四四27参照。

（13）出三四9、民一四19、エレ三一34、三三8、三六3、詩二五11、一〇三3参照。

（14）ネヘ八14、九14、代下三三8、共規 1QS V 8, VIII 15, 外典詩 4Q381 六九5、本文書 XI 19, XVIII 15 参照。

（15）出一九6に現れる表現。

（16）エルサレムの選びのことかもしれない（申一二5など参照）。

（17）申一〇16、エレ四4、ハバ・ペ 1QpHab XI 13, 共規 1QS V 5 参照。

（18）「［あなたの諸々の命令を］行うよう」と復元できるかもしれない（代上二八7参照）。

（19）本文書 XIX 10 参照。

（20）代下六31に同じ表現。サム上八5、共規 1QS II 2, III 9-10, IV 11, V 4 参照。

（21）祭日祈 1Q34 一―二4、祭日祈 4Q509 I 三8、四4参照。

（22）二重のアーメンによって第一日の祈りが閉じられる。

（23）おそらくここから二日目（月曜日）の祈り。

[21]［……燃］える、感謝する(1)［……］[22]［……］捉えること［……］
（下端）

第VI欄（断片二六）(2)

[1]［……］[2]［……］あなたの［……］[3]［……］あなたの諸々の［不思］議［……］[4]［……］諸国民［……］[5]［……］初子《ういご》(3)［……］[6]［……］あなたの地を［……］[7]［……］怒らせること(4)［……］[8]［……］諸々ののろい(5)［……］[9]［……］

第VII–VIII欄（断片一七ii）

[1-3]［……］[4]［……］そしてすべてから［……］[5]［……］われら［……］そして［……］[6]［……］の道々において［……］[7]［……］正しい［……］アーメン、［アーメン(6)……］[8-9]［……］

第IX欄（断片五i）(7)

[1-15]（欠損）[16]［……］あなたの諸々の褒美(8)[17]［……］あなたはされた[18]［……］永遠の名(9)、そして見［る］こと[19]［……永遠の］代々《よよ》にわたるあなたの［大《たい》］能《のう》(10)[20]［……］あなたの［……］天［と］地において(11)[21-22]［……］
（下端）

第X欄（断片五ii＋断片三i／4Q505断片一二四6-7、4Q506断片一二四2-5）

［アブラハムに、そしてイサクに、そしてヤコブに。そしてあなたは］[15]彼らの後の彼らの胤《たね》(12)を［選んだ(13)………
……］[16]あなたの前に立っている聖(14)［…………］そのとき。[17]［憶］えてください、主よ(15)、われらの［…………］こ
とを。[18]あなたの［……］われらは［われらの］贖《あがな》いを祝う(16)［…………］われらは[19]われらの背きにおいて［……］、
そして［……］尋ね求め(17)、[20]あなたの目に悪とされることを［行った(18)］。あなたは命じた［…………］[21]［あなたの］

（1）あるいは「激しく［燃］える」（*DSSSE*）。
（2）本断片はひどく欠損しているが、判別可能な単語からすると出エジプトの出来事に関連しているように思われる。詩一〇六篇、特に7、22、24、29、32、38、40-41節参照。
（3）おそらくイスラエルを指すだろう。出四22でイスラエルは神の長子と呼ばれている。あるいは、エジプトの初子の殺害に言及しているのかもしれない（出一一―一三、詩七八51など参照）。
（4）申九18、三一16、詩一〇六29参照。
（5）申二九11、13、18、19、20参照。
（6）二つのアーメンで第二の日の祈りは終わる。
（7）おそらくここから三日目（火曜日）の祈り。
（8）イザ一23のみに現れる語。但し、この読みはまったく不確か。
（9）「永遠の名」という表現は、イザ五六5、六三12、ベン・シラ一五6、Ⅰマカ二51、六44、一三29、戦い 1QM XI 14にも現れる。
（10）同じ表現は、本文書XIX 10-11にも現れる。
（11）戦い1QM X 8, 感謝詩1QH^a VIII 10参照。
（12）申一〇15参照。
（13）第15行の前は祭日祈4Q505断片一二四に基づく。
（14）出一七6、感謝詩1QH^a XII 22, XV 34, XXIII 11参照。
（15）下記XI 8, 詩八九51、および五八頁の注（2）参照。
（16）「祝う」の基本義は「（巡礼祭を）祝う」ことだが、一般的に「宴会を催す」の意でも用いられる（サム上三〇16など）。
（17）聖書では「偵察する」（民一三17など）の意で用いられるが、クムラン文書では「尋ね求める、追い求める」の意で用いられる（ダマCDII 16, III 11-12, 感謝詩1QH^a XII 16）。
（18）詩五一6、感謝詩1QH^a VI 29参照。

魂にあるとおりに(1)［…………］[22]あなたの分別に、そして［…………］

（下端）

第XI欄（断片三ii／4Q505断片一二四、4Q506断片一二五―一二七）

[1-3]（欠損）[4]［…………］[5]［…………］祝福されよ、神、かれはわれらを休ませた。［…………］[6]［アーメン、］

アーメン。(2)（余白）

[7]（余白）

[8]第四［日の祈り］(3)。憶えてください、主よ、(4)［…………］[9]あなたの［……］が栄光において聖別されるように。(5)

［…………］[10]［……目］と目を合わせて、あなたはわれらの只中に現れた(6)［…………］[11]［……］そしてあなたの

聖なる諸々の言葉を(7)われ［ら］は聞いた［……］[12]［……］われらの顔の上に、［……］しないために［……

…］[13]あなたの偉大な聖な［る名(8)……］[14]［……］地［……］[15]［……］そしてわれらが信じ

るようになるために［……］[16]永遠に。(9)そしてあなたは、われらとホ［レブ］で契約を結んだ(10)［……］

[17]こ［れら］すべての掟と定めの上に(11)［……］[18]そして［諸々の］良い［……］そして諸々の聖なる［……］そし

て［……］[19]モーセを通して［……］(12)ところの［……］、そして［……］[20]すべての［……］において、顔

と顔を合わせて［彼］に〔［あな］たは語った(13)〕［……］[21]栄［光……］あなたは彼を喜んだ。そして彼ら

は［好意を、あなたの目の中に］見出した［……］[22]［……すべての……］それらの［……］われらの目の前で

彼の手に(14)［……］

（下端）

第XII欄（断片七＋一八）

[1-2]（欠損）[3]［……………］を真っ直ぐにする[4]［……………］あなたの行った諸々の［不思］議[5]［……………］{［イ］ス
ラエル、}永遠の代々《よよ》(15)に告げること(16)[6]［……………］あなたの手の諸々の業[7]［……………］あなたの栄光のために
[8]［……………］それは短{く}はない(17)[9]［……………］あなたにはなにごとも不可能［なことはない］(18)[10]［……………］
それは[11]［……………］あなたは宝を置いた[12]［……………］そしてわれ{ら}を見放さないでください(19)[13]［……………］
あなたの［……］とあなたの慈しみにおいて[14]［……………］われらは出会った[15]［……………］あなたが［われらの父

（1）サム上二35参照。
（2）締めくくりの祝禱と二回のアーメンで第三日（火曜日）の祈りが終わる。
（3）祈りのタイトルはここの四日目と七日目（XX 5）だけが残されている。創一19参照。
（4）五八頁の注（2）参照。
（5）出二九43、祝福 1QSb III 4 参照。
（6）民一四14、イザ五二8参照。
（7）エレ二三9、詩一〇五42参照。
（8）エゼ三六23、詩九九3参照。
（9）第15-16行前半について、出一九9参照。
（10）申五2参照。
（11）共規 1QS V 7, 20, レビ一〇11、二六46、申四6、45、五31、六1、20、24、一一32、一二1、代下三三8参照。
（12）欠損部分を「あなたが語った」と補うことが可能（戦い 1QM X 6, 感謝詩 1QH^{a} IV 24 参照）。
（13）出三三11および創三二31、民一二8、申五4、三四10、士六22、エゼ二〇35参照。波括弧部分は行間への挿入。
（14）エゼ三七20参照。ここはモーセに与えられた律法の板について言及している可能性がある。
（15）本文書 I 11, XV 12, XIX 10-11 参照。
（16）第4-5行について、士六13、詩七八3-4、6参照。
（17）民一一23、イザ五〇2、五九1参照。ここの主語はおそらく神の手。
（18）創一八14、ヨブ四二2参照。
（19）王上八57、詩二七9参照。

祖たちを］赦した⑴16［……………あなたの口に］彼らが反抗した荒《あら》⑵［野《の》で……………］17あなたは彼らに［知る］心を［与］えたが、彼らはあなたを〔試〕みた⑶。そして18見る［目］と［聞く］耳⑷があなたを見出したが、［彼］らは信じな［かっ］た⑸19［……………］最後に、そしてあなたは［……を］見た［者たちの目を］閉ざした⑹20［……………］目21［……………］22［……………］

第XIII欄（欠損）

第XIV欄（断片一＋二i表面）

1-6（欠損）7［……………］8［……………］アーメン、アーメン⑺。9［……………］諸々の不思議10［……………］エジプトから11［……………荒《あら》］野《の》⑻

第XV欄（断片一＋二ii表面）

1-5（欠損）6［……………］7［……………］あなたの［……］8どうぞ、主よ⑼、どうかあなた自身に従って、あなたの力の偉大さに従って⑽、振る舞ってください。あなたは9われらの父祖たちがあなたの口に反抗したとき⑾、彼らに怒りを発し、彼らを根絶しようとされたが⑿、赦された⒀。それどころかあなたは、10あなたの彼らへの愛ゆえに彼らをいたわられた⒁。（それは）あなたの契約のためであり――なぜならモーセが11彼らの罪のために贖《あがな》いをなしたから⒂――、またあなたの偉大な力とあな［た］の慈愛の豊かさを永遠の代々《よよ》⒃にわたって知るためである。12どうかあなたの憤怒とあなたの憤激が、あなたの民イスラエルから元に戻るように⒄〔、［彼らの］罪すべてについて〕。そして13あなたが諸国民の目の前で行ったあなたの諸々の不思議を憶えてください。なぜなら、あなたの名はわれらの上で呼ばれるからです。[18] 14[…………] 心のすべてにおいて、また魂のすべてにおいて[19][…………][20]、そしてあなたのトーラーをわれらの心に植えるため、[21] 15[そこから] 右にも左にも[逸れて歩むことのないために][22]。実にあなたは狂

(1) 下記 XV 8-9, 民一四19参照。
(2) 下記 XV 9参照。
(3) 「彼らはあなたを｛試｝みた」(*wyn｛s｝wkh*)、テクストは「彼らはそれを(灌奠《かんてん》として)｛注｝いだ」(*wyn｛s｝kwh*)。波括弧内のサメフ(*s*)は行間への挿入であり、テクストが壊れている可能性がある。ここでは *DSSR* の読み替えに従う。
(4) 「知る心」「見る目」「聞く耳」について申二九3、エゼ一二2、詩一一五5-6、一三五16-17、コヘ一8、感謝詩 1QHa XV 5-6参照。
(5) 王下一七14、詩七八22、32、一〇六24、ハバ・ペ 1QpHab II 3-4, 哀四12参照。
(6) イザ六10参照。
(7) 第四日(水曜日)の祈りの終わり。
(8) 第五日目(木曜日)の祈りは、出エジプトの出来事への言及から始まっていたように見える。詩七八12、15、32、一〇六7、9、14、22、一三六4、10-11、16、ネヘ九9-10、17-18、21、バルク二11参照。
(9) 「どうぞ、主よ」は、本文書 XIX 11にも現れる。ダニ九4、ネヘ一11参照。
(10) 感謝詩 $1QH^{a}$ VI 34参照。
(11) 「あなたの口」は直訳。「あなたの言うこと」の意。民の反抗について、申一26、43、九23、ヨシ一18、サム上一二14、感謝詩 $1QH^{a}$ VI 25参照。
(12) 申九8参照。
(13) 民一四19参照。
(14) 申七8、王下一三23、代下二一7参照。
(15) 出三二30、民一四13-19参照。
(16) 本文書 I 11, XII 5, XIX 10-11参照。
(17) 本文書 XIX 12, ダニ九16、エズ一〇14、代下二九10、バルク二13、20参照。
(18) 申二八10、ダニ九18-19、バルク二15、外典詩 4Q380 一 i 5参照。
(19) 王下二三3、共規 1QS V 8-9, ダマ CDXV 12参照。
(20) *DSSR* は欠損部分を、「[これらのことが為されたのは、われらが] 心のすべてにおいて、また魂のすべてにおいて[立ち帰るためであった]」と補う。
(21) イザ五一7、エレ三一33、詩三七31、IVエズ九31、36、『使徒憲章』七26・3参照。
(22) 申一七20、二八14、ヨシ一7、二三6、共規 1QS I 15参照。

気︹と盲目︺と［心の］錯乱からわれらを癒される。① 16［…………ご覧ください、］われらはわれらの咎［ゆえに］売られたが、② われらの背きの中であなたはわれらを呼ばれた。③ 17［…………］そしてあなたに対する罪から、われらを救ってください。④ 18［…………］そして諸々の証《あか》しをわれらに悟らせてください⑤ 19［…………］あなたはそれらを作った 20［…………］そして彼らの行い 21［…………］

第XVI欄（断片一＋二iii表面）

1（欠損） 2［…………］ 3［…………］ご覧ください、 4すべての諸国民はあなたに対しては無いも［ののよう］であり、あなたの前では虚《うつろ》にして空しいもの［のように］︹みなされる︺⑥。 5あなたの名のみをわれらは［唱］える。⑦ あなたの栄光のために、あなたはわれらを創造し、⑧ 6すべての諸国民の目の前で、⑨ われらをあなたにとっての息子とされた。⑩ なぜなら、あなたは 7［イ］スラエル［を］「わが息子、わが長子」⑪と呼び、人がその息子を躾《しつ》けるようにわれらを躾けられた。⑫ 8あなたは（余白）われらの代々の年々⑬を通してわれらを増やされた⑭ ︹われらを創造した︺⑮。 9［…………］︹悪しき︺諸々の病、飢え、渇き、疫病、剣⑯ 10［……］あなたの契約の［…………］⑰なぜならわれらを、あなたはあなたのために 11［全］地［から民に］選ばれた。⑱ それゆえあなたはわれらに注がれた、あなたの憤激を、⑲ 12［また］あなたの燃え上がる憤怒のすべてをもってあなたの⑳［熱情を］㉑。またあなたはわれらに、 13あなたの［…………］をまとわりつかせられた。㉒ それについてはモーセとあなたの僕《しもべ》たる 14預言者たちが書いている、㉓「日々の終わりにあなたはわれらに［向かっ］て悪を送られた」㉔と。 15なぜなら［…………］ 16そしてわれらの王たち、㉕なぜなら［…………］ 17［……］の娘たちを娶《めと》り㉖［…………］ 18そして彼らは滅ぼした［…………］ 19あなたの契約と［…………］ 20イスラエルの胤《たね》［…………］ 21あなたは義《ただ》しい［…………］ 22そして［…………］

（1）申二八27-28、ゼカ一二4参照。
（2）イザ五〇1参照。
（3）イザ五〇2参照。
（4）イザ五〇2、詩三九9、七九9、感謝詩 1QHa IV 34, 35, ロマ六18、22、八2参照。
（5）イザ八16、20、ルツ四7参照。
（6）イザ四〇17参照。
（7）ヨシ二三7、アモ六10、詩二〇8、バルク三7参照。
（8）イザ四三7参照。
（9）イザ五二10、代下三二23参照。
（10）イスラエルを神の子とする考えについて、申一四1、ホセ二1、ヨベ一24参照。
（11）出四22-23、ホセ一一1、Ⅳエズ六58、ヨベ二20、ソロ詩一八4参照。
（12）申八5、ヘブ一二7-11参照。
（13）申三二7、ヨエ一2参照。
（14）創一七2、レビ二六9など参照。
（15）テクストでは、「われらを創造した（または「われらを肥えさせた」）」と書かれた後に「増やした」と訂正されている。
（16）申二八48、59、63、エゼ五17、バルク二25参照。
（17）この欠損部は「[報復を果たされる]」と復元できるかもしれない（*DSSSE*, Davila）。レビ二六25、ダマ CD I 17-18参照。
（18）申七6、一四2、祭日祈 1Q34 三ii 5、戦い 1QM X 9, 感謝詩 1QHa VII 36 参照。
（19）エレ一〇25、エゼ二〇13、21、二三22、バルク二20参照。
（20）ゼファ三8参照。
（21）エゼ一六38、三六6参照。
（22）申二八21、共規 1QS II 15, ダマ CD I 17 参照。
（23）共規 1QS I 3, バルク二20、24参照。
（24）あるいは、「それについてはモーセが書いている。またあなたの遣わされたあなたの僕たる預言者たちが、日々の終わりに悪がわれらを[襲]う、と」とも訳せる。申三一29参照。
（25）本文書で最初の王国時代への言及。エレ四四17、エズ九7、ネヘ九32、34、ダニ九6、バルク一16、二1、19、ハラ書 4QMMT C 23 参照。
（26）おそらくエズラ、ネヘミヤ時代の異民族の娘たちとの結婚を問題にしている。申七3、エズ九―一〇章、ネヘ一三23-27参照。

第XVII欄（断片一＋二iv表面）

[1]（欠損）[2]［…………］[3]あなたの宿［り］場［…………］エルサ［レム］に憩い場、(1)[4-5]永遠にあ［なたの名が］そこにあるようにと、全地からあなたが選［んだ都］(2)(3)。なぜならあなたは[6]すべての民よりイスラエルを愛し、(4)ユダの部族を選ばれた。(5)[7]そしてあなたの契約をダビデに起《た》て、(6)[8]（彼を）あなたの民の上に牧者のような君主(7)とされ、(8)彼はすべての日々あなたの前でイスラエルの玉座に座した。(9)[9]そしてすべての諸国民はあなたの栄光を見た(10)――[10]あなたはあなたの民イスラエルのただ中で、またあなたの偉大な名のために自らを聖別された(11)――。[11]そして彼らは彼らの贈り物、銀と金と高貴な石を[12]彼らの地の貴重な物すべて(12)と共に持ってきて、(13)あなたの民と[13]あなたの聖なる都シオン(14)とあなたの装いの家(15)を誉めたたえた。そして敵対する者も[14]凶事も無く、(16)むしろ平和と祝福(17)が（ある）。［…………］[15]そして彼らは食べて満ち足り、肥え太った(18)［…………］[16]［…………］そして［…………］[17-22]［…………］

第XVIII欄（断片一＋二v表面）

[1]（欠損）[2]［…………彼らは見棄てた、］[3]生ける水の源を。(19)［…………］[4]そして彼らは彼らの地で異国の神に仕え、(20)彼らの地も[5]彼らの敵どもゆえに廃墟となった。(21)なぜなら、あなたの憤激が［注］がれ、[6]あなたの燃え上がる憤怒があなたの熱情の火の中にあってそれを荒れ果てさせ、(22)[7]行き来する者もなくなった。(23)それにもかかわらず、あなたは[8]ヤコブの胤を拒まず、イスラエルを忌み嫌って[9]彼らを断ち滅ぼし、あなたの彼らとの契約を解消する

(1)「宿り場」は「幕屋」とも訳せ、かつてイスラエルの民が四十年間荒野を放浪していたときの「会見の幕屋」（出四〇2、21）のこと。ここではそれがエルサレムに移され、そこを「憩い場」とすることが語られている。おそらくダビデが神の箱をエルサレムに移転したことについて言及している。サム下六―七章、詩一三二篇参照。

(2)「（神の）名がそこにあるようにと選んだ」という表現について、王上八16、代下六6、七16参照。

(3)王上一一32、代下六34に基づく復元（ハラ書 4QMMT B 60-61 参照）。但し、そこではイスラエルの十二部族からのエルサレムの選びが語られているが、ここでは「全地」からの選びとされている。

(4)神のイスラエルへの愛について、申七8、13、イザ四三4、ホセ一一1、マラ一2、ヨベ一25、ソロ詩一八3、シリア・バルク二一21参照。

(5)詩七八68参照。

(6)ダビデと神の契約について、サム下七11-16、二三5、イザ五五3、エレ三三21、詩八九4-5、一三二12参照。

(7)あるいは「牧者から」。代上一七7参照。

(8)ダビデが「牧者」であり「君主」であるということについて、サム下五2、代上一一2、一七7、詩一五一1、7（詩・外 11Q5 XXVIII 4, 11）参照。

(9)王上八20、代下六10参照。

(10)詩七二17-19、イザ六〇1-3、六二2、六六18-19、ハガ二7-9参照。

(11)レビ二二32、エゼ三六23参照。

(12)「銀、金、高貴な石、貴重な物」。代下三二27、ダニ一一38参照。

(13)異民族による贈り物の奉納について、王上九26-28、一〇2、10-11、14-15、23-25、イザ六六12、20、ハガ二7-8参照。

(14)イザ六〇14、同四八2、五二1、ダニ九24、ネヘ一一1、18参照。

(15)イザ六〇7参照。

(16)王上五18参照。

(17)サム下七29、王上五4、26、詩七二7、15、17、代上二二9、シリア・バルク六一3、ハラ書 4QMMT C 18 参照。

(18)申三二20、王上四20、五5、詩七二3、16参照。

(19)2-3行はエレ二13、一七13に基づく復元（「生ける水の源」という表現はヘブライ語聖書でそこにのみ現れる）。感謝詩 1QH[a] XVI 17, ヨハ七38参照。

(20)ヨシ二四20、エレ五19参照。単数形の「異国の神」という表現については、申三二12、詩八一10、マラ二11参照。

(21)レビ二六32-33、ダマ CD III 10, イザ一7、エレ四27、三三43、エゼ六14、一二20、一五8、三三28、29、ヨエ二3参照。

(22)本文書 XVI 11-12, ハバ・ペ 1QpHab III 12, 詩七九5、八八17、エゼ三六5、ゼファ一18、三8参照。

(23)ゼファ三6、ゼカ七14、九8、Iマカ三45参照。

こともされなかった(1)。なぜならあなたは、[10]あなただけが生ける神であり(2)、あなたの他にはいないからである(3)。あなたは︹あなたの︺契約を憶え、[11]諸国民の目の前でわれらを導き出し(4)、諸国民の中にわれらを見棄てられなかった(5)。[12]むしろあなたはあなたの民イスラエルを、[13]あなたがそこへと彼らを追いやったすべての国々において(6)憐れみ、[14]彼らの心を省みさせ、あなたへと立ち帰って、[15]あなたがあなたの僕モーセを通して(7)命じたすべて［の通りに］、あなたの声に聞き従うようにされた(8)。[16]［なぜ］なら、あなたはわれらの上にあなたの聖なる霊を注ぎ(9)、[17]あなたの諸々の祝福をわれらに［もた］らし(10)、われらの艱難《かんなん》のとき(11)、あなたを求め、[18]あなたの懲らしめの苦しみ(12)のとき、（祈りを）［つぶ］やくようにされた(13)。われらは[19]苦しめる者の憤激ゆえに(14)、諸々の艱難、諸々の［打］撃と試み(15)に面した。なぜなら、[20]われらもまたわれらの咎で︹神を︺［煩］わせ、［われらの］罪に(16)岩を従事させたからである(17)。[21]あなたは［われらの］諸々の道より役に立つ［われらが歩むべき道］に、われらを従事させようとし［なかっ(18)］た。[22]［そして］われらは［あなたの諸々の命令に］耳を傾けなかった(19)。

（下端）

第XIX欄（断片一＋二vi表面）

[1]（欠損）[2]［…………］[3]［……そしてあなたは］われらの［も］とから、われ［ら］の諸々の背きすべてを［投げ棄］て(20)、[4]あなた自身のためにわれらの罪からわれらを［浄］められた(21)。あなた、︹主よ︺、正義はあなたのものです(22)。「なぜなら、[5]あなたこそこれらすべてのことをなさったからです(23)」。そして今、[6]われらの心がへりくだっている(24)まさに今日、われらは、[7]われらの反逆に際しての、また︹わ︺れら(25)が敵対して歩んだところの、われらの咎とわれらの父祖たちの咎を償った(26)。われらは[8]あなたの諸々の試みを拒まず、またあなたの諸々の打撃(27)をわれらの魂が忌み

(1) レビ二六44参照。
(2) ヨシ三10、ホセ二1、詩四二3、八四3参照。
(3) イザ四五5、21、サム下七22、代上一七20、ベン・シラ三六5参照。
(4) レビ二六45参照。
(5) エズ九9、ネヘ九17、19、31参照。
(6) ダニ九7、申三〇1、バルク二4、13、29、トビ三4、一三5参照。
(7) ネヘ九14、バルク二28参照。
(8) 14-15行について、申三〇1-2参照。
(9) イザ四四3、六三10、11、詩五一13、共規 1QS VIII 16, IX 3, 感謝詩 1QHa XX 15, ダマ CD II 12（4Q270 二ii 14）、ソロ知恵九17、スザンナ45、ソロ詩一七37、イザ殉三16、27、ソロ頌六7、一一2、一四8、ルカ一13、ロマ一4、エフェ一13、四30、Ⅰテサ四8、テト三5参照。
(10) 申二八2、三〇1、イザ四四3参照。
(11) 申四30、サム下二二7、イザ二五4、ホセ五15、詩一八7、六六14、一〇六44、一〇七6、13、19、28、代下一五4、ハバ・ペ 1QpHab V 6参照。
(12)「苦しみ」（*sqwn*）および次行の「苦しめる者」（*msyq*）は、16行の「（聖なる霊を）注ぐ」（*ysq*）との語呂合わせと捉え、それぞれ「（懲らしめの）注ぎのとき」、「注ぐ者」と訳すことも可能（Davila, 260-261）。
(13) 第17-18行について、イザ二六16参照。
(14) イザ五一13および前注（12）参照。
(15) 本文書 XIX 8参照。
(16)「岩」は神の象徴。申三二4、18、37、サム上二2、サム下二二32、イザ一七10、四四8、ハバ一12、詩一八32、ベン・シラ五一12（ヘブライ語）参照。
(17) イザ四三24参照。
(18) イザ四八17参照。*DSSR*, DJD VII, Davila (260) はこの欠損部に否定辞を補っているが（イザ四三23参照）、*DSSSE* はその代わりに「あなたは」と人称代名詞を補っている。この場合、次の接続詞を「しかし」と続けることになる。
(19) あるいは「耳を傾けたならば」とも解せる。イザ四八18参照。
(20) エゼ一八31参照。
(21) 詩五一4、イザ四三25参照。
(22) ダニ九7、バルク一15、二6参照。
(23) エレ一四22からの引用。
(24) レビ二六41参照。
(25)「〔わ〕れら」は、「彼ら」と書かれた後で行間にて訂正されている（ヌンが加えられている）。
(26) レビ二六40、41、43参照。
(27)「試み」と「打撃」について、本文書 XVIII 19参照。

嫌うことはなく、(1) [9]われらの魂のあらゆる艱難の中にあって、(2) あなたの契約を破棄すること(3)（はしなかった）。(4) なぜなら、あなたは〔われらにわれらの敵どもを送り、〕[10]われらの心を強くされた、(5) われらがあなたの大能《たいのう》を永遠の代〔々〕(6) にわたって告げるために。(7) [11]どうぞ、主よ、永遠から永遠まで(8) 諸々の不思議をなされるように、(9) [12]どうかあなたの憤怒とあなたの憤激が、われらから元に戻るように。(10) そして［われらの苦］難[13]とわれらの労苦とわれらの抑圧を見て、(11) [14]近くとも遠くとも、［あなたが］そこへと［追いやったすべての］国々［から］(12) あなたの民イスラ［エル］を救い出してください。[15]生命《いのち》の書(13)に書かれているすべての者は(14)［……］[16]あなたに仕え、［あなたの聖なる名］に感謝すること(15)［……］[17]彼らの圧迫者どもすべてから［……］[18]躓《つまず》かせる〔者〕ども［……

…］[19-22]［……］

第XX欄（断片一＋二vii表面）

[1]（欠損）[2]［……］[3]かれはあらゆる艱難からわれらを救い出された。(16) アーメン、［アーメン。(17) ……］
[4]（余白）
[5]安息日の感謝。(18) 感謝せよ、(19)［……に、祝福せよ、］[6]かれの聖なる名(20)を常に。［……］[7]聖なる蒼穹(21)の御使いたちすべてと(22)［……］[8]天に、地とそのすべての意匠(23)［……］[9]大いなる［淵］(24)と奈落(25)と水と、すべて［そこに］あるもの(26)［……］[10]かれのすべての被造物、常に［永久の］世々に［……］[11]かれの聖なる［名］、歓呼せよ、神に(27)［……］[12]栄光と［……］[13]［……］

---

(1) レビ二六43、44、同二六15、エレ一四19参照。
(2) バルク二18、三1、感謝詩 1QH^a VII 29 参照。
(3) レビ二六44、同二六15、エレ一四21参照。
(4) 第6-9行は、レビ二六40-44に基づく自由な書き換え。

（5）ヨシ一一20参照。

（6）本文書 I 11, XII 5, XV 12（11）, および五九頁の注（18）参照。

（7）感謝詩 1QH^a XIV 14, 本文書 XV 11-12, 詩七一18、七八3-4、6、七九13、一四五4参照。

（8）詩一〇三17、代上二九10、共規 1QS II 1, ダニ二20参照。

（9）感謝詩 1QH^a VI 34, XIV 14, 詩一三六4参照。

（10）本文書 XV 12, ダニ九16、エズ一〇14、代下二九10、バルク二13、20参照。

（11）申二六7参照。

（12）ダニ九7、エゼ二三4-5参照。

（13）詩六九29、出三二32、マラ三16、ダニ一二1、外典詩 4Q381 三一8、エチ・エノク一〇八3、ヨベ三〇22、三六10、『ゼファニヤの黙示録』三7、フィリ四3、黙三5、一三8、一七8、二〇12、15参照。

（14）ヨシ二三6、イザ四3、エレ二五13参照。

（15）代上一六35、本文書 XX 5-6 参照。

（16）サム上二六24、詩五四9参照。

（17）第六日（金曜日）の祈りの終わり。

（18）「感謝」は複数形（*hwdwt*）。この名詞形は聖書には現れないが、クムラン文書および後のラビ文献からは知られている。詩九二篇に別の安息日のための祈りが記されている。安息日の祈りでは、他の平日の祈りと異なり、請願の祈りが避けられている。ラビの伝統でも安息日には請願の祈りは諫められている（ミシュナー『ターニート』三7、エルサレム・タルムード『シャバット』一五15bなど参照）。

（19）イザ一二4、エレ三三11、詩三三2、一〇〇4、一〇五1、一〇六1、47、代上一六8、34参照。

（20）詩一〇五3、代上一六10、35、トビ一三18参照。

（21）詩一五〇1、同一九2参照。

（22）安息歌一一15（4Q405 一九3）、一二4（同二〇ii—二二8-9）、一三8（同二三i6-8）、戦い 1QM XII 1, 詩一四八2、三人の祈り35-36参照。

（23）「意匠」（*mḥšb*）と訳した語は聖書には現れないが、死海文書には他にも用例がある。感謝詩 1QH^a XI 33-34, ベラ 4Q286 五1、賢者詩 4Q511 三七4参照。「織る、考える、企む」などを意味する語根に由来。ここでは神の被造物たる地の精巧さを表現するものと解した。「深み」と取る解釈者もいる（詩七四20参照）。

（24）創七11、イザ五一10、アモ七4、詩三六7、感謝詩 1QH^a XI 32-33 参照。

（25）詩八八12、ヨブ二六6、二八22、三一12、箴一五11、感謝詩 1QH^a XI 20, 33 参照。

（26）「水と［そこに］あるものすべて」という復元はネヘ九6に基づく。8-9行全体については、感謝詩 1QH^a XI 32-34、ベラ 4Q286 五9-12参照。

（27）詩八一2参照。

第XXI－XXII欄（欠損）

第XXIII欄（断片二vii裏面）

1-2（欠損）3［…………］高貴な人々(1) 4［…………］彼らは高めるだろう 5［…………］栄光の諸々の［言］葉 6［…………］なぜならすべて 7［…………］そしてかれは創造した 8［…………］9［…………］彼らの諸々の聖なるものの神 10［…………］かれの聖性。そしてかれは挙げた 11［…………］かれの契約。そしてかれは戻った(2) 12［…………］彼らの諸々の讃美。

解説

本文書はヘブライ語で書かれた二つの写本から知られ、それぞれ四十九の断片が残る（4Q504と4Q506）。最初の校訂者であるベイユは4Q505をも本文書の写本と同定したが、現在それは『4Q祭日の祈りｃ』の一部と考えられている（そのため本文書の二つの写本は、それぞれ『光体の言葉ａ』〔4Q504〕と『光体の言葉ｃ』〔4Q506〕と名づけられている）。

『光体の言葉ａ』（4Q504）は前二世紀半ば頃に由来する比較的古い写本であり、またオリジナルのおよそ半分を含んでいると考えられる。断片一と二は第五日および第六日（木・金曜日）の祈りの大半と安息日の祈りの一部を含んでいると考えられる。全体で二十三欄が復元されているが、最後の欄は同じ写本の裏面に記されている。また本文書のタイトルも断片八の裏面に記載されている。『光体の言葉ｃ』（4Q506）はほとんどが小断片であり、意味をなす部分は『光体の言葉ａ』と重複するところだけなので、ここでは訳出していない。本訳では*DSSR*を底本にしたが、M. Baillet, DJD VII（1982）および*DSSSE*をも参照した。訳出に際してはさらにJ. R. Davila,

Liturgical Works (Eerdmans Commentaries on the Dead Sea Scrolls ; Grand Rapids－Cambridge : Eerdmans, 2000）も参考にした。

本文書はタイトルが残されている稀なケースであるが、その意味ははっきりしない。「光体」と訳した語は天の光る物のことで、聖書では時や季節のしるし（創一14—18）とされているが、クムラン文書では「天使」をも意味しうる（戦い 1QM X 11–12、感謝詩 1QH^{a} IX 13）。おそらく本文書の祈りは、天体によってしるしづけられる時——すなわち、日の出ないし日没、あるいはその両方——に朗唱される言葉であった（E. G. Chazon, "Divre Hammeʾorot: Prayer for the Sixth Day (4Q504 1–2 v–vi)," in *Prayer from Alexander to Constantin : A Critical Anthology*, M. Kiley, *et al* (eds.), London : Routledge, 1997, p. 24)。

本文書の祈りの構成は比較的明瞭である。平日の六日間については、一、冒頭の祈りの日への言及（例「第四日の祈り」）に始まり、二、神への想起の喚起（「憶えてください」）、三、神との関係にあるイスラエルの歴史の回顧、四、請願、五、祝禱が続き、六、二重のアーメンで締めくくられる。回顧される歴史的出来事は、第一日のアダムへの言及に始まり、時間軸に沿って出エジプト、王国時代、バビロン捕囚、さらに捕囚後の時代を経て、作者の時代まで及んでいる。安息日の祈りは歴史の回顧も請願も含まず、神の創造の業を讃える祈りであり、また平日よりも長い祈りだったようである。

本文書の祈りは聖書の記述およびその伝統に深く影響を受けており、これらがユダヤ教のあるグループによって典礼として用いられたことは疑いえない。『祭日の祈り』との文体上の類似——「憶えてください」「祝福されよ」など——は、『日ごとの祈り』との相違とともに注目に値する。

（1）あるいは「志願する者たち」（1QS I 7, 11）。

（2）あるいは「座った」。

祭日の祈り

（1Q34 + 34bis, 4Q507–509［+ 4Q505］）

上村　静　訳

内容

年間の定められた祝祭日——新年、贖罪日、仮庵祭、過越祭、七週祭など——の祈り。

1Q祭日の祈り（1Q34 + 1Q34bis）

断片一＋二（＝4Q509 三）[1]

（1）以下、欠損部分は 4Q509 三から補足。

[1]［……………われらの］平和の祭日(1)［………………なぜなら、あなたはわれらの悲哀からわれらを喜ばせ(2)、われらの
散らされた者たちを］[2]［……の］祭日のために［集め、］われらの［離散］の者たちを［……の］時季(3)のために［(招集
された)(4)。………………あなたの慈愛はわれらの会衆の上に、[3]種蒔きの］時［期］における地［の上の雨滴のように、
また若草の時期における青草］の上の驟雨《しゅうう》のように(5)。［そして……………さあ、われらはあなたの諸々の不思議を］
[4]代々《よよ》に［語り伝えよう］(6)。祝福されよ、主、かれはわれ［ら］を喜ばせた(7)。［…………］
[5](余白(8))
[6]贖罪日《しょくざいび》(9)のための祈り。憶え［てください、主］よ、［………………を］[7]［…………］

断片三第i欄（＝4Q508 一）

[1]［…………］[2]［……………］義の籤《くじ》の中に、そして邪悪な者たちには［……］の籤(10)[3]［…………］彼らの骨の中
にすべての肉［にとって］恥辱(11)［…………］しかし義人たちは[4]［……………］天の密雲と地の産物によって［自ら
を］肥やすために(12)、[5]［義］人と邪悪な者との［区別］を［知］るために(13)。あなたは邪悪な者たちをわれらのあがない
とし(14)、まっすぐな者たちによって[6]われらを抑圧する者たちすべてを殲滅《せんめつ》［される］(15)。そしてわれらは永遠に［永久
に］あなたの名に感謝する(16)。[7]なぜなら、そのためにあなたはわれらを創造したからであり(17)、それが［われらが］あ
なたに［返す］ことだから。祝福されよ、[8]［…………］。(余白)
[9]［…………］(18)

---

(1)「平和の祭日」(単数形)という表現について、浄めB 4Q512 一七2「平和の祭日(複数形)」を参照。「祭日」と訳したヘブライ語のモエドは、「会見場、会見」、また「定められた時、祭日」を意味する。3行目の「(種蒔きの)

時期」と訳したのも同じ語（但し複数形）。

（2）「悲哀から喜ばせ」。エレ三一13参照。

（3）「時季」と訳したヘブライ語の *t^{e}qûfāh* は、日や年の周期およびその変わり目を意味する（出三四22参照）。第1-5行の祈りは、贖罪日の祈り（6行目）の直前に置かれているので、おそらく新年のための祈りであり（3行目の「雨」のイメージも秋の祭にふさわしい）、ここの *t^{e}qûfāh* は年の変わり目の時季（＝新年）を指すだろう。

（4）「散らされた者たちを集め、離散の者たちを招集した」。イザ一一12参照。

（5）「雨滴のように、驟雨のように」。申三二2参照。

（6）神の業を後代に語り伝えるということについて、詩七一18、七八3-4、6、七九13、一四五4参照。

（7）神殿 11QT^{a} XXV 9 は、秋の新年についての聖書の規定に、「あなたはこの日に喜ばねばならない」という文を加えている。

（8）ここの余白は祈りの終わりを示す。

（9）「贖罪日」の儀式については、出三〇10、レビ一六章、二三26-32、民二九7-11、神殿 11QT^{a} XXV 11-XXVII 10 参照。この祭日は、ハバ・ペ 1QpHab XI 7、メルツェ 11Q13 II 7 でも言及されている。また、ミシュナー『ヨーマ』はこの祭日のための項である。

（10）詩一二五3参照。「籤」は、クムランのセクト的用法では個々人に割り当てられた運命を意味する。もっとも、ここでこのセクト的意味が考えられているのか、一般的な意味で用いられているのかは不明。

（11）「すべての肉にとって」イザ六六24参照。「恥辱（となる）」エレ二九18参照。おそらくここで言われているのは「邪悪な者たち」の運命であろうが、特に荒野で滅ぼされた世代を暗示しているのかもしれない（民一四29、ヘブ三17参照）。

（12）義人の運命についての記述。創二七28、申三三13-15、イザ五五2、箴二八25参照。この行は荒野のイスラエルに与えられたマナを指しているのかもしれない（ヨシ五12、詩七八23-25参照）。その場合、この祈り全体は、過越祭のための祈りということになる。

（13）マラ三18と比較せよ。またサム下一九36、ヨナ四11、感謝詩 1QH^{a} XV 15 も参照。

（14）箴二一18参照。「あがない」への言及はこの祈りが贖罪日のための祈りであることを示唆するように見えるが、贖罪日と悪人が義人の代贖となるという考えとの関連は知られていない。前注（12）参照。

（15）「抑圧する者たちすべてを殲滅する」という表現は、ゼファ三19参照。ここでは、おそらく葦の海におけるエジプト人の滅びを指しているであろう。

（16）詩四四9参照。

（17）イザ四三7参照。

（18）6行目後半から終わりの祈禱が始まり、おそらく8行目前半に二回のアーメンで終わっていただろう。9行目からは別の祈りが始まっていたと思われる。

断片三第ii欄（＝4Q509九七-九八）

1［…………昼］時のための大き［な］光体《こうたい》［…………］2［…………］それらの掟を犯すことなく［…………］。そしてそれらすべては(1)［…………］3［…………］そしてそれらの支配は全世界に［…………］しかし、人［間］の胤《たね》(2)は、あなたが彼（ら）に受け嗣《つ》がせたすべてのことを悟らず、また彼らはあなたを知らず、4あなたの言葉を［行］わなかった。そして彼らはすべてのものよりも邪悪を行い、またあなたの偉大な力(3)を悟らなかった。そこであなたは彼らを拒まれた(4)。なぜなら、あなたは不［義］を欲せず、5そして邪悪な者はあなたの前に立つことに耐えられないからである。しかし、あなたはあなたの恵みの時(5)にあなたのために民を選ばれた(6)。なぜなら、あなたはあなたの契約を思い起こされたからである(7)。6そしてあなたはあなたのために、彼らを聖なるものとして諸々の民すべてから区別［し］(8)、彼らとのあなたの契約を更新された(9)。（それは）栄光の幻と7あなたの聖なる［霊］(10)の言葉によって、あなたの手の業(11)とあなたの右手の記し(12)によって、栄光の諭し(13)と永遠の業(14)を彼らに知らしめるためである。8［…………そしてあなたは］彼［ら］のために信実な牧者を［起こされた(15)…………］貧しい［…………］

（1）1-2行は天体について。創一16-18、詩七四16-17、一〇四19-20、一三六7-9、一四八3-6参照。

（2）「人間の胤」とは、人の子孫、人間のこと。エレ三一27参照。

（3）「あなたの偉大な力」。申九29、エレ三二17、ネヘ一10参照。

（4）神による悪人の拒絶については、エレ六30、詩五三6参照。

（5）ここの「時」（ケーツ）という語は、終末論的意味合いを持つセクト的用語であるが、ここでセクト的意味で用いられているかどうかは判然としない。「あなたの恵みの時」に近い表現は、イザ四九8、詩六九14に見られる。「恵み」（ラツォン）は「意思《みこころ》」とも訳せる。

（6）選民思想は聖書全体に見られるテーマである。申七7、一四2、王上三8、イザ四四1-2、エゼ二〇5、詩三三12等。

（7）神が契約を思い起こすという点については、創九15、16、出二24、六5、レビ二六45、エゼ一六60、詩一〇五8／代上一六15、詩一〇六45、一一一5参照。

（8）第6行には、レビ二〇26が反映している。

（9）ヘブライ語聖書には、「新しい契約」への言及はあるが（エレ三一31。ダマ CD VI 19, VIII 21, ハバ・ペ 1QpHab II 3参照）、契約の「更新」は語られない。契約更新は、ユダヤ教の伝統では七週祭と関係づけられている（ヨベ六1-22参照）。七週祭はまた、神の啓示とシナイ山における律法授与とも関係づけられるが、それはこの祈りにも現れている（7行目）。

（10）「霊」（Milik による復元）の代わりに、「預言者たち」という語を補う者もいる（Davila, 22-23）。

（11）「（神の）手の業」という表現は、創造を意味する聖書的言い回し。詩八7、一九2、九二5、一四三5等参照。

（12）代上二八19に「主の手による記し」という表現があり、それはダビデがソロモンに与えた神殿の設計図を指している。なお、*DSSE* は「記し」（*ktb*）を動詞と取り、第7行全体を次のように訳す。「あなたは、栄光の幻とあなたの聖なる［霊］の言葉によって、あなたの手の業によって、彼らとのあなたの契約を更新した。栄光の諭しと永遠の業を彼らに知らしめるために、あなたの右手は記した」。ここではその他の諸訳に従った。

（13）「諭し」（*yswry*）は、「訓練する、懲らしめる、教える、矯正する」などの意味を持つ動名詞の複数連語形（レビ二六18、28、申四36、八5、二二18、二三18等参照）。なお、これを「基」（*yswdy*）と読むことも可能（DJD I）。ここでは底本とした*DSSE*に従った。

（14）「業」（*mʿśy*）は、「（階段の）段」（*mʿly*）と読むことも可能（DJD I）。「栄光の基と永遠の段」という読みが正しい場合、それらは天上の神殿を指している可能性がある（Davila, 23-24）。前注（12）参照。

（15）「牧者」はおそらくダビデを指す。王になる前ダビデは羊飼いであり（サム上一六11、一七15、詩七八70）、王は民の牧者と考えられている（詩七八71-72、サム下五2／代上一一2。エゼ三四23以下も参照）。ダビデの名によるとされる『詩篇』では、彼は「貧しい」者として言及される（詩二五16、18、四〇18、六九30、七〇6、一〇九22）。

4Q祭日の祈りa（4Q507）

断片一

[1]［…………］[2]そして、われらは胎《たい》から不義の中にあり、乳房から罪［責］の中にある(1)［…………］[3]そして、われらの存在する間、われらの歩みは汚れと共にある［…………］

断片二

[1]［…………］すべての［…………］[2]［…………］［祝］福されよ、主、(2)［…………］[3]［…………］（余白）［…
…………］[4]［…………］

断片三

[1]［…………］［祝］福されよ、主、［…………］[2]［…………］永遠の［代］々に。アーメン、アーメン［……
…………］[3]［…………］憶え［てください、主よ、(3)…………］

4Q祭日の祈りb（4Q508）

断片一（＝1Q34 三 i 5—7）(4)

1［……］義人と邪悪な者との区別を［知］る［ために］。あなたは［邪悪な者たちをわれらのあがないと］し、［まっ
すぐな者たちによって］2われらを抑圧する者たちすべてを［殲滅される］。そしてわれらは［永遠に永久に］あなた
の［名］に感謝する。［なぜなら、そのために］3［あなたはわれらを創造したからであり、それが］われらがあなた
に返すこ［とだから。祝福されよ、……………］

断片二

1［…………］そしてあなたはわれらのただ中に住まわれた(5)［…………］2［…………］(6)憶えてください、主よ、
あなたの憐れみの日(7)と立ち帰りの時機を［…………］3［…………］そしてあなたはわれらのために〔それを(8)〕断
食の日、永［遠］の掟として起《た》てられた。［…………］4［…………］そしてあなたは隠されていることと顕《あらわ》され

（1）感謝詩 1QH^{a} XII 30–31, 詩五一7参照。
（2）上記、1Q祭日祈一＋二4参照。
（3）上記、1Q祭日祈一＋二6参照。
（4）上記、1Q祭日祈三 i 参照。
（5）「住まわれた」（ヴァヴ＋完了形）は過去形に訳した。*DSSSE* は未来の意に取るが、他の諸訳に従った。
（6）DJD VII はこの欠損部分を上記祭日祈一＋二6から「［贖罪日の祈り］」と復元する。
（7）「憐れみの日」および次行の「断食の日」の「日」と訳したヘブライ語はモエドで、「定められた時期、祭日」を意味する。八二頁の注（1）参照。「断食の日」とは贖罪日のこと（ダマ CD VI 19 参照）。
（8）「それらを」と書いたのを消して、「それを」と訂正してある。

ている［こと］を知っている⑴［…………］[5]［…………］あなたはわれらの思いを知っている⑵［…………］
[6]［…………わ］れらの［起床］とわれらの就寝を⑶あなたは［…………］

断片三

[1]［…………］われらは邪悪を行った⑷［…………］[2]［…………］そして彼らの数の多さから。［そして］あなたはノアと［契約を］起てられた。⑸［…………］[3]［…………イサ］クとヤコブにあな［た］の信実⑹［…………］
[4]［…………］あなたは［……の］諸時代を思い起こされた［…………］

断片四⑺

[1]［…………］その荒れはてた娘たち⑻［…………］[2]［…………］われらを選んだ方、そしてかれの契約［…………］[3]［…………］

断片一三

[1]［…………主］、なぜならあなたの愛において[2]［…………］栄光の祝祭日⑼に、そして聖［別］すること[3]［…………］穀［物と］葡萄酒とオリーブ油⑽［…………］[4]［…………］

断片二一（＝4Q509八6―7？）⑾

[1]［…………］[2]［…………］そしてわれらの蔑まれた者たちと、われらの旅人たちと、われらの貧しい者たち［…………］[3]［…………］そして［……］はない、［……］すべてにおいて［…………］

断片二二＋二三（＝4Q509八3―5？）

1 ［……祝福されよ、主、……］の時機にかれはわれらを憐れまれた。(12)［……］
2 ［仮庵祭《かりいおさい》のための祈り。憶えてください、主よ、(13)］あなたの憐れみの［豊］かさ［を……］
3 ［……］わ

（1）申二九28参照。ユダヤ教の典礼における贖罪日の告白文に同様の文言がある。

（2）申三一21、詩一〇三14参照。「思い」とは、悪しき「企て」（創六5、八21、申三一21）や良き「志」（イザ二六3）などの性向のこと。「造られたさま」（詩一〇三14）とも訳せる。ラビ文献では、人間の持つこの二つの性向にしばしば関心が向けられる（ミシュナー『ベラホート』九5など）。

（3）申六7、一一19参照。

（4）おそらく罪の告白。詩一〇六6、ダニ九5、ネヘ九33参照。但し、「［かれは］われらを断罪し［なかった］」（詩三七33参照）と復元することも可能。ユダヤ教の典礼における贖罪日の告白文ではそうなっている。前注（1）参照。

（5）創六1、18、九9、11、17参照。

（6）詩一〇五8-10／代上一六15-17、ダマCD III 3-4参照。

（7）本断片は*DSSE*では扱われていないので、DJD VIIを底本とする。

（8）「その」はエルサレムを指すかもしれない。イザ三16-17、四4、外典哀4Q179二参照。

（9）「栄光の祝祭日」という表現は、ダマCD III 14-15、ベラ4Q286一ii10、日ごと祈4Q503四4にも現れる。

（10）この断片は、穀物と葡萄酒とオリーブ油の初物が集められたと思われる七週祭にかかわる可能性がある。さらに『神殿の巻物』には、新しい葡萄酒の初物の祭（神殿11QT^{a} XIX 11-XXI 10）とオリーブ油の初物の祭（神殿11QT^{a} XXI 12-XXII 16）への言及がある。

（11）この断片は*DSSE*では扱われていないので、DJD VIIを底本として訳出する。本断片の位置について、九三頁の注（8）参照。

（12）この行は贖罪日にかかわる。

（13）贖罪日の次の祭は仮庵祭（レビ二三26-36、39-43）。この欠損部分の復元はFalk（167）による。

れらの地の［作］物を差し上げる供《く》［物《もつ》］に(1)［……………］

断片三九

[1]［…………］そしてわれらは、われらの生は、［昼］に［……］悲哀の真ん中にある(2)［…………］[2]［…………］われらは、われらの生を信じられない(3)（余白）［……］

4Q祭日の祈りc（4Q509）

第I欄　断片一＋二（＝1Q34一＋二）

[1-2]［……］[3]［……］通りの泥(4)［……］[4]［…………あなた］の［前に］われらは［われらの］悲［嘆］を注ぎ出す(5)［……］[5]［……］の時に［……］[6-7]［……］(6)[8]［……］モーセ［……
……］そしてあなたは［彼に］語った［……］[9]［……］の上にある［……］[10]［……］あなたが彼に命じたこ［と……］[11]［……］あなたの民(7)［……］[12]［……］

第I欄　断片三（＝1Q34一＋二）(8)

[1]［……］彼女の不義［……］[2]［……］われらの平和の祭日［……］[3]［……なぜなら、あなたは］われらの悲哀からわれらを［喜ばせ、われらの散らされた者たちを……の祭日のために］集め、[4]われらの離散の者たちを［……の時季のために招］集［された。］[5]［……］あなたの［慈］愛はわれらの会衆の上に、［種

蒔きの時期における地の上の］雨［滴］のように、[6]［また］若草の時期における［青］草［の上の驟雨のように。］そして［…………］[7]［さあ、われらは］あなたの諸々［の不］思議を代々に［語り伝えよう。…………］[8]［………

……祝福］されよ、主、かれは［われらを］喜ばせた。［…………］[9]［…………］

断片四(9)

[1]［…………］[2]［…………］すべてに［…………］[3]［…………］永遠に、そしてかれはわれらを喜ばせた［…

……………］[4]［…………祝福されよ、］主、われらを悟らせる方。［…………］[5]［…………］永久の［世々に］。

アーメン、アーメン。(10)［…………］

---

(1)「地の作物」は仮庵祭とかかわる（レビ二三39）。但し、「差し上げる供物」は、祭に関する聖書の記述では、種入れぬパンの祭と七週祭にのみ関係づけられている（レビ二三9-12、17-20）。

(2)詩一三3、三一11参照。「昼に」の後はおそらく「夜に」（申二八66と次注参照）。

(3)この行には申二八66の響きがある。ヨブ二四22参照。

(4)サム下二二43／詩一八43、ミカ七10、ゼカ九3、一〇5参照。

(5)詩一〇二1、一四二3参照。

(6)Davila（31）は、断片四（下記）をここの6-7行（欠損部分）に位置づけ、8行以下を別の祈り（新年の祈り？）とする。

(7)あるいは「あなたと共に」。

(8)上記、1Q祭日祈一＋二参照。

(9)この断片は *DSSSE* では扱われていないので、DJD VIIを底本として訳出する。本断片の位置について、前注（6）参照。

(10)神への祝福と二度のアーメンで祈りが結ばれる。4Q祭日祈a 4Q507三、4Q祭日祈c 4Q509一三一―一三二ii3参照。

第II欄　断片五―六

[1]［…………］[2]［…………………］の時にわれらの血(1)［…………………］[3]［…………………］われらを呼ぶこと［…………………］すべて［…………］[4]［…………］あなたはすべてを知っている［…………］[5]あなたは分け、そして告げた［…………す］べてののろい(2)［…………］[6]われら［に］、あなたが語ったように［…………］[7]［見］よ、あなたは［あなたの］父祖［たち］と共に眠りに就こうとしている(3)［…………………］[8]［…………………］

第II欄　断片七

[1]［…………］[2]［そして］諸々の深淵とすべての(4)［……］に［…………］[3]なぜなら永遠の昔からあなたは嫌った［…………］[4]［……］一緒に(5)あなたの前から［…………］[5]日々の終わりに［…………］[6]聖者たちの敵［対者…………］[7]［…………］守ること(6)［…………］

第III欄　断片八（＝4Q508 二一＋二三？）(7)

[1]［…………］の業［…………………］[2]［…………………］[3]［…………………祝福されよ、主、……の時機にかれはわれらを憐れまれた方…………］

[4]［仮庵祭のための祈り。憶えてください、主よ、あなたの憐れみの豊かさを…………］[5]［…………］われらの［地の作物を］差し上げる供［物］に［…………］[6]［…………］の初めに［…………］[7]［…………と］ても［…………］[8]［…………］とわれらの貧しい者たち(8)［…………］[9]［…………］の統治［…………］[10]［…………………］

第Ⅲ欄　断片一二第ⅰ欄—断片一三

1［連れ戻す者］なく彷徨《さまよ》える追いやられた者たち、(9) 2力［な］く［……者たち］、［起こす者］なく倒れる者たち、(10)
3理解する者なく［……者たち］、［包帯を巻く者］なく挫《くじ》かれる者たち、(11)［…………］4咎《とが》において［…………者
たちに］癒す者はいない。［…………者たちに］5慰める者［はいない］。彼らの背きに躓《つまず》く者たちに［……はいな
い。(12)…………憶］えてください、6悲哀と悲鳴を。(13)あなたは囚われた者た［ち］の友である。(14)

(1)「われらの血」、あるいは「われらは黙っていた」とも解せる。
(2)「のろい」あるいは「誓約」。申二九11、13、18、19、20参照。
(3)申三二16の引用。そこではモーセに語られている。
(4)感謝詩1QH^a V 26参照。
(5)「一緒に」(*DSSSE*)あるいは「唯一」(*DSSR*)。
(6)「守ること」(*DSSSE*)あるいは「注意深いこと」(*DSSR*)。
(7)上記4Q祭日祈b 4Q508二二+二三参照。
(8)Baillet(DJD VII 189)は、7行目後半から8行目を4Q祭日祈b 4Q508二一2と同定し、「[そしてわれらの蔑まれた者たちと、われらの旅人たち]と、われらの貧しい者たち」と復元する。但し、底本とした*DSSSE*はこの復元を採用していない。
(9)「連れ戻す」エゼ三四16、哀五21参照。「連れ戻す者がない彷徨える者たち」は、外典哀4Q501一3参照。「追いやられた者たち」(*menûdāhiym* = *ndḥ* のプアル態現在分詞複数形)は、聖書では単数形でイザ八22に現れるのみ。
(10)エレ五〇32、アモ五2、九11、コヘ四10参照。
(11)エゼ三四16、外典哀4Q501一3参照。
(12)あるいは「咎において[…………]。そして[…………を]癒す者はなく、彼らの背きに躓く者たちを慰める者[はない。…………]」と訳すことも可能(*DSSSE*)。ここではFalk(170)に従った。外典哀4Q501一3-4参照。
(13)あるいは「[あなたは]悲哀と悲鳴を[思]い起こされる」とも解せる。
(14)「囚われた者たちを解放してください」と解す者もいる(Nitzan, 300, n. 42)。

第Ⅳ欄　断片一〇第ii欄―断片一一

[2]［……］[3]あなたは牧した、(1)そして［……］[4]あなたの［……］の中に［……］[5]そしてあなたの御使《みつか》いたち［……］[6]そしてあなたの嗣業《しぎょう》(2)［……］[7]主［……］(3)
[8]［……］の祭日の［祈］り。[9]［……］あなたの［……］[10]［……］[11]［……］すべて［……］[12]［……］

第Ⅳ欄　断片一六

[1]［……］[2]［……彼らの］悲しみのすべてにおいて[3]［……は］彼らの苦悩に対して彼らを憐れんだ[4]［……］われらの長老たちと［われらの］高貴な者［たち］の悲哀[5]［……］若者たちは彼らを嘲弄《ちょうろう》した(4)[6]［……］あ［なたが……である］ことに彼らは目を向け［な］かった[7]［……］われらの知恵［……］[8]［……］そしてわれらは［……］

断片九七―九八第i欄（＝1Q34三ii）(5)

[1]［……］[2]［……しかし、］人間の［胤《たね》］は、[3]［あなたが彼（ら）に受け嗣《つ》がせたすべてのことを悟らず、また彼（ら）はあなたを知らず、あなたの言葉を］行わ［なかった。］[4]［そして彼らはすべてのものよりも邪悪を行い、また］あなたの［偉大な］力を［悟らな］かった。[5]［そこであなたは彼らを拒まれた。なぜなら、あなたは］不義を［欲］せ［ず、そして邪悪な者は］[6]［あなたの前に立つことに耐えられないからである。しかし、あなたはあなたの恵みの時にあなたのために民を選ばれた。］[7]［なぜなら、あなたはあなたの契約を思い起こされたからである。そしてあなたは］あなたの［ために、彼らを］聖なるものとして[8]［諸々の民すべてから区別し、］彼らとのあ

なたの［契約を更新された。（それは）栄光］の幻。9［とあなたの聖なる霊の言葉］によって、あなたの手の業《わざ》と10［あなたの右手の］記し［によって、栄光の諭しと永遠の業を彼らに知らしめるためである。］

断片一二四（4Q505）(6)

1［……………］2［……………］地［……………］3［……………そしてわれらが信じるようになる］ために［……………］4［永遠］に。そしてあなたはわ［れら］のために［ホレブで契約を］起てた(7)［…………］5［…………］6［…………アブラハムに、］そしてイサクに、そしてヤ［コブ］に。［そしてあなたは彼らの後の、彼らの胤を選んだ……］7［…………あなたの］前に立っている聖なる(8)［…………］8［…………］

(1) 牧者としての神については、イザ四〇11、エゼ三四13-16、ホセ四16、詩二三1、二八9参照。

(2) Falk（172）は、ユダヤ教の古い伝承（ヨベ三二章、神殿11QT^a XXIX 8-10）が仮庵祭をベテルにおけるヤコブと神の契約（創二八10-22）に関係づけていることを指摘し、それがこの祈りにおける「御使いたち」と「嗣業」の場面設定である可能性を示唆する。

(3) Davila（35）は、祈りの結びのパターンに従って、6行目末から7行目を「祝福されよ、主…………する方。アーメン、アーメン」と復元する。8行目からは別の祈り。

(4) 4-5行目について、イザ三5参照。

(5) 本断片は各行とも一―三語しか残っていないので、ほとんどすべてが上記1Q祭日祈 1Q34 三 ii からの復元である。

(6) 最初の校訂者によって 4Q505 と番号付けされた十の断片（断片一二〇―一二九）は、現在では4Q祭日祈c 4Q509 の一部と考えられているのでここで扱う。

(7) 第2-4行については、光体a 4Q504 XI 三 ii 14-16参照。

(8) 第6-7行については、光体a 4Q504 X 五 ii 15-16参照。

断片一二五（4Q505①）

[1]寝ずの番②［の夜のための祈り］。憶え［てください、主よ、……………］[2]［あなたは］われらの家を［過ぎ越した③……………］[3]［……………］助けなかった［……………］[4]［……………］すべての諸国民④［……………］

断片一二六（4Q505）

[1]［……………］あなたの［……………］[2]［……………］あなたはわ［れら］を子と呼んだ⑤［……………］[3]［………］あなたの［……………］

断片一二七（4Q505）

[1]［……………］[2]あなたの諸々の不思議［……………］[3]あなたは力を示した［……………］⑥

断片一三一―一三二第ii欄

[1]［……………］[2]［……………］あなたの［栄］光［……………］[3]［……………］アーメン、アー［メン⑦］。

[4]（余白）

[5]初穂《はつほ》［の日のための祈り⑧］。憶えてください、主よ、［……］の祭日を。[6]［……］あなたの命じたあなたの望みである自発的な捧げ物⑨[7]［……………あなたの］業の初物をあなたの前に差し出す［こと⑩］[8]［……………］となるよう地の上で［……………］[9]［……………］あなたの［……………］なぜなら［……］の日に[10]［……………］あなたは聖別した［……………］[11]［……………］仔⑪を［……………］[12-14]［……………］[15]［……］と共に［……………］[16]聖［………］[17]すべてにおいて［……………］[18-20]［……………］

解説

『1Q祭日の祈り』（1Q34 + 1Q34bis）と『4Q祭日の祈りa』（4Q507）は三断片、『4Q祭日の祈りb』（4Q508）は四十三断片、パピルスに書かれた『4Q祭日の祈りc』（4Q509 + 4Q505）は三百十三断片が残る（このパピルスの裏面には『戦いの巻物』〔4Q496〕と『光体の言葉c』〔4Q506〕が記されている）。最初の校訂者Baillet（DJD VII）によって『光体の言葉』の一写本として4Q505と番号付けされた十の断片（断片一二〇―一二九）は、現在では『4Q祭日の祈りc』（4Q509）の一部と考えられている（García Martínez, 161-162; Falk, 59-61; Davila, 16, 37）。それゆえこれらの断片もここで扱った。底本には*DSSE*を採用したが、*DSSR*, および1Q断片はJ. T. Milik, DJD I（1955）を、

（1）本断片については、Falk（175f.）の復元による。
（2）「寝ずの番」は、聖書では出エジプトの前夜に言及する出一二42に二回用いられるのみ。聖書ではこれに過越祭の規定が続く（出一二43-49）。ラビ文献においてもこの語は過越祭前夜の儀礼と関係している。次行の「過ぎ越した」（*pāsaḥtāh*）も過越祭との関連を示唆する。
（3）出一二27参照。
（4）光体4Q504 XVI（一+二iii表）4、6、XVII（一+二iv）9参照。
（5）光体4Q504 XVI（一+二iii表）5-6参照。
（6）奇蹟と神の力の誇示は、出エジプトの記事に一致する。出三20、詩七八3、11、32、一〇六7、22、ネヘ九17参照。
（7）明らかに結びの言葉。次行の余白は次の祈りと分けるため。
（8）「初穂の日」は、七週祭の別名。民二八26、神殿4Q365a二i2-3を見よ（出二三16、三四22、レビ二三17、20、ヨベ二二1、神殿11QT[a] XI 11, XVIII 14, XIX 5-6, 9, 12, XLIII 3, 6-7も参照）。
（9）申一六10参照。「望み」（ラツォン）は「意思《みこころ》」とも訳せる。八四頁の注（5）参照。
（10）申二六2、4-5、10参照。
（11）「仔」（*šĕgĕr*）は動物の子。出一三12、申七13、二八4、18、51参照。

4Q断片はM. Baillet, DJD VII（1982）をも参照し、*DSSSE*の欠けを補った。原語はヘブライ語である。

注に挙げた他の参考文献は以下のとおりである。

F. García Martínez, *JSJ* 15（1984）157–164（review of DJD VII）.
B. Nitzan, *Qumran Prayer and Poetry*（Jerusalem : Mosad Bialik, 1996［Hebrew］）.
D. K. Falk, *Daily, Sabbath, and Festival Prayers in the Dead Sea Scrolls*.
J. R. Davila, *Liturgical Works*（Eerdmans Commentaries on the Dead Sea Scrolls ; Grand Rapids–Cambridge : Eerdmans, 2000）.

本文書は年間の祝祭日の典礼で唱えられた祈りを集めたものである。聖書には祝祭日の規定が比較的詳細に記されているが、それに付随する典礼についてはほとんど書かれておらず、本文書はその欠けを補ってくれる。欠損が多く不確かではあるが、本文書には年間の祝祭日の祈りすべてが含まれていたと推測される。秋の新年の祈りから始まっていたと思われるが、必ずしもすべての祈りが順序正しく並べられていたわけではないようである。テキスト全体の原形は今なお確かなものとしては復元されていない。本訳は断片の番号順に並べてあるが、それは元来の順序とは関係がない。参考までに、以下にFalk（162）による祈りの順序と写本との関係を記しておく。

秋の新年　（4Q509一–二、1Q34一–二1–4／／4Q509三1–8）
贖罪日　（1Q34一–二6–7、4Q509五–六、4Q509七、4Q508二1–6、4Q509八1–3、4Q508二二–二三1）
仮庵祭　（4Q509八4–10／／4Q508三二–三三2–3、二一、4Q509一〇i、4Q509一二i–一三、4Q509一〇ii–一一1–7）
仮庵祭?　（4Q509一〇ii–一一8–12、4Q509一二ii?、4Q509一六）

過越祭？（4Q505 一二六？、4Q509 一三一－一三二 i、4Q509 一三一－一三二 ii 1－3）
七週祭（4Q509 一三一－一三二 ii 5－20）
過越祭（4Q505 一二五、一二七）
場所不明
過越祭？（1Q34 三 i 1－8／／4Q508 一）
七週祭？（1Q34 三 i 9、1Q34 三 ii／／4Q509 九七－九八 i）

典礼文書……（4Q409, 4Q476-476a）

上村 静 訳

4Q典礼文書A（4Q409）

内容

特定の祝祭日に、神を讃え、祝福する賛歌。

断片一第i欄

1-2 ［……讃え、祝福せよ、(1)……］の日々［に］(2)。新しい［穀］物の供物《くもつ》(3) 3 ［……。(4)讃］え、祝福せよ、

（1）「讃え、祝福せよ」（*hll wbrkh*）は本文書に繰り返し現れ、常に、神を祝福すべき期日を特定する文章の冒頭に置かれている。この二つの動詞の組み合わせは、エレ四2、詩一四五2、ネヘ九5、感謝詩 1QH^{a} IX 32-33, XIX 27-28、安息歌七38（4Q403一ii 15）、一二7（4Q405二〇ii―二一12）、29（30）（二三i 9）など参照。

4［……］の日々に(1)。全焼《ぜんしょう》の供犠《くぎ》のための薪(2) 5［…………(3)。讃え、祝福せよ、］響きによって想起される日に(4)。6［……］万物の［主……(5)］。（余白）讃え、7［祝福せよ、…………］かれの聖なる名を［祝福せよ］8［…………］万物の主を［祝福せ］よ。9［…………讃え、祝福せよ、］これらの日々に、10［…………］讃え、祝福し、感謝せよ(6)、11［…………讃え、祝福し、］感謝せよ。［……］木の枝々をもって(7)［…………］

断片一第ii欄

1［…………］2讃え、祝［福せよ、…………］3そして子羊たち(8)［…………］4［…………］5焼いて煙にす［る］とき(9)［…………］6あなたの創造者(10)［…………］7そして祝福せよ［…………］8祭［壇］の上に(11)［…………］9を吹き鳴らすこと(12)をもって［…………］10あなたの神［…………］

解説

本文書はヘブライ語で書かれた一つの断片が残る。本訳の底本には *DSSR* を用いたが、E. Qimron, DJD XXIX（1999）をも参照し、その復元の提案を注に記す。本文書は、祝祭日を挙げながら、神を讃え、祝福するよう促しているので、賛歌であったと思われる。形式的には、共規 1QS IX 26–X 17 の祈りに似ているが、そこでは神を讃えはするものの、本文書のように命令形で讃えるよう促すことはない。詩一四八篇と一五〇篇は神への賛美を促す形式を取っているが、そこでは祝祭日への言及がない。本文書は、聖書の祝祭日の記述に親しんでおり、また、キムロンの復元が正しいならば、『神殿の巻物』と同じ祝祭日のリストを前提しているようである。

本文書の賛歌がどういう機会に朗唱されたのかは不確かである。複数の祝祭日が言及されているので、その中の特定の祭日に朗唱されたのではなく、それらすべての祝祭日に際して朗唱されたのかもしれない。

（2）Qimronは、「[…………讃え、祝福せよ、穀物と葡萄酒とオリーブ油の]初[物]の（祭の）日々［に］」と復元する。この復元は神殿11QT[a] XLIII 3-4に基づく。そこでは三つの初物の祭について触れられているが、葡萄酒とオリーブ油の初物については死海写本からのみ知られる（神殿11QT[a]の当該箇所参照）。

（3）「新しい穀物の供物」という表現は、聖書ではレビ二三16、民二八26のみ。どちらも七週祭の文脈に現れ、おそらく小麦の初物を意味する（神殿11QT[a] XI 11, XVIII 13-14, XIX 11参照）。

（4）Qimronは、第2-3行を「新しい[穀]物の供物[をもってかれの聖なる名を祝福せよ]」と復元する。

（1）Qimronは、「薪の祭の日々に」と復元する。「薪の祭」は後代のユダヤ教の伝統的な典礼には含まれていないが、神殿11QT[a] XXIII 1-XXV 1はその遵守について報告している。ネヘ一〇35、一三31やヨセフス『ユダヤ戦記』二425、ミシュナー『ターニート』四4-5にも言及がある。神殿11QT[a]の当該箇所参照。

（2）「全焼の供犠のための薪」という表現は、改五4Q365二三5にも現れる。

（3）Qimronは、「全焼の供犠のための薪[の献げ物をもって、かれの名を祝福せよ]」と復元する。

（4）レビ二三24、民二九1、神殿11QT[a] XXV 3参照。「（角笛の）響き」は新年祭にのみ用いられる語。

（5）Qimronは「[角笛をもって]万物の[主を祝福せよ]」と復元する。

（6）ここの「感謝せよ」だけ複数形の命令（これまでの「讃え、祝福せよ」も次行の「感謝せよ」も単数形の命令）。理由は不明。あるいは命令形ではないのかもしれない。

（7）仮庵祭への言及。おそらく「[葉の多い]木の枝々」と復元できる（レビ二三40参照）。但し、レビ二三40では「枝」は単数形。聖書ヘブライ語が集合的な意味で単数形の名詞を用いるのに対し、複数形を用いるのは後の時代のヘブライ語に典型的。

（8）供犠のための子羊。子羊は日常的に捧げられる（民二八―二九章参照）。

（9）「焼いて煙にする」（*qṭr*）という動詞は、香を焚くか脂肪を焼くときに用いられる。これに関係する祭は、贖罪日のみ（レビ一六25参照）。

（10）「あなたの創造者」という表現は、聖書ではイザ四三1のみ（コヘ一二1参照）。

（11）祭壇が祭との関連で言及されるのは、聖書では出三〇10、レビ一六12、18（二回）、20、25、33、代下三五16。

（12）祭日にはラッパを吹き鳴らす（民一〇10）。

4Q典礼文書B（4Q476）

内容

安息日の典礼。

断片一

1-3［…………］4［…………］あなたたち皆が平和の中にあるだろう(1)［…………］5［…………］休息を(2)［聖］
別［すること］、［第七の日に］安息日を(3)［…………］6［…………］その天幕(4)［…………］

断片二

1［…………］すべ［て…………］2［…………］王(5)［…………］3［…………］神に近［い］者たち(6)［……
……］4［そして］王から遠い者たちすべて(7)［…………］5 彼らは神の疎《うと》まれる者たち［…………］6 王の前に栄
光［…………］

断片三第i欄

1［…………］の神 2［…………］神 3［…………］威光 4［…………］光(8) 5［…………］6［…………］と一
緒に(9)

断片三第ii欄

2［……］3全世［界］に［……］4そして［……］5栄［光……］6聖な［る……］
7垂れ［幕(10)……］

（1）あるいは「あるように」（未完了形）。外典詩 4Q448 B 7–8参照。日ごと祈 4Q503 には「平和があなたの上にあるように、イスラエルよ」という表現が繰り返し現れる。

（2）「休息」（マヌァハ）の語は日ごと祈 4Q503 に三回現れるが、おそらくそこでも安息日の祈りと関係している。

（3）安息日の聖別については創二3参照。第5行は神の創造行為に言及していた可能性がある。『光体の言葉』では、創造は安息日の祈りの主題である。

（4）あるいは「かれの天幕」「わが天幕」「［……］の諸天幕」。ここで天幕は地上ないし天上の聖所か、あるいは太陽の住処を指している可能性がある。最後の選択肢については詩一九5参照。

（5）本断片に三回現れる「王」は地上の王の誰かか神を指す。『安息日供犠の歌』では、しばしば神は「王」と呼ばれる。

（6）ベラ 4Q287 五12参照。「神に近い者たち」は、地上の共同体ないし天使を指す。

（7）「王から遠い者たち」は、「王」が地上の王であれば前行の「神に近い者たち」を、「王」が神であれば次行の「神の疎まれる者たち」を指す。

（8）「光」は典礼に関する文書（祈り・賛歌）にしばしば用いられるイメージの一つ。

（9）他の者たち（例えば天使たち）「と一緒に」神を賛美するというモチーフは死海文書からよく知られている。感謝詩 1QH^{a} XIX 28-29, XXVI 11（= 4Q427 七 i 15）共規 4Q258 一 ii 7参照。

（10）聖所の「垂れ幕」は、ダマ 4Q266 五 ii 7、モセ・アポ 4Q375 一 ii 7（8）、安息歌一〇6、8（4Q405 一五 ii―一六 3、5）でも言及される。

解説

本文書はヘブライ語で書かれた三つの断片が残る。底本は T. Elgvin, DJD XXIX（1999）。『安息日供犠の歌』と『4Q感謝の詩篇』との並行箇所があるので、安息日の典礼に関する文書であると思われる。断片一は安息日に関する祝福、断片二は地上の共同体、断片三は神の栄光について語っているようである。

4Q典礼文書C（4Q476a）

内容

天上の神殿における礼拝に関する典礼。

断片一

1 ［……………］と共に義(1)［……………］

2 ［……………］高められた(2)［……］すべて［……………］

3 ［……………］

断片二

1 ［……………］神の［奉仕者］たち(3)［……………］

2 ［……………］聖［……………］

解説

本文書はヘブライ語で書かれた二つの断片が残る。底本は T. Elgvin, DJD XXIX（1999）。おそらく天上の神殿における礼拝に関する典礼文書に属するだろうと推測されているが、確かなことは言えない。

（1）「義」は『安息日供犠の歌』に頻繁に現れる。

（2）あるいは「高み」「天」。

（3）「神の奉仕者たち」は人間の奉仕者を指す可能性もある（戦い 1QM II 1-2 参照）が、典礼の文脈ではおそらく天使たちを指す。感謝詩 1QH[a] XIII 23, 安息歌一 4、8（4Q400 一 i 4、8、4Q401 一五 3）、二 23（4Q405 二三 i 3）参照。

安息日供犠の歌

（4Q400-407, 11Q17, Masada 1039-200〔MasIk〕）

上村　静　訳

内容

一年の最初から十三週目までの各安息日に、天の神殿において天使の祭司たちによって歌われる賛歌。

安息日供犠の歌一（校訂版[1]）

（4Q400 一 i 1-21〔1-21行〕、4Q401 一五 1-4〔6-9行〕、4Q400 一 ii 1-21〔22-42行〕、4Q400 三 i 1-12〔44-55行〕、4Q400 四 i 1-3〔57-59行〕、4Q400 三＋五 ii 1-6〔61-66行[2]〕）

（1）校訂版とは研究者によって校訂された仮説上のものである。解説参照。

（2）4Q401 五 1-7（本訳一五六―一五七頁）、4Q401 一七 1-6（本訳一五八―一五九頁）も安息歌一に属する可能性があるが、校訂版には含まれていない。一五九頁の注（8）参照。

1［賢者に］(1)。第一の月の第四日である最初の安［息日(2)の全焼《ぜんしょう》の供犠《くぎ》(3)の歌］。
讃えよ、2［…………の神を］、聖の聖なる者たち(4)すべての神的なる者たちよ(5)(6)。
そして［かれの(7)］神性(8)において。3［……］永久の聖なる者たちの中で、聖の聖なる者たち［…………］。そして彼ら
はかれのために。4［……内堂の］祭司たち(9)、かれの栄光の至聖所(10)における御前《みまえ》の従者たち(11)となった。［知識の］神々(12)

(1) 下記、安息歌二、四、六、七、八、十二に基づく復元。「賢者に」の「に」(レ)は、「による」(歌い手の指示)と「に向けて」(歌い手への指示)を意味しうる(詩一一1など参照)。「賢者」と訳した語(マスキール)は、「指導者」とも訳せる(アモ五13、詩一四2／五三3、箴一〇5、19、一四35、一五24、一七2、ヨブ二二2など。共規 1QS III 13, 祝福 1QSb I 1. III 22. V 20 参照)。

(2) 「第一の月の第四日」が安息日に当たるのは本文書が一年三百六十四日の太陽暦を採用しているため(七で割り切れるので毎年同じ日は同じ曜日。太陰暦の場合は年によって日付けと曜日は異なる)。創一14-19によると太陽と月は天地創造の第四日(水曜日)に創られた。ユダヤ教の伝統ではこの日から暦の計算が始まる。それゆえ本文書で用いられている太陽暦では第一の月の第四日が最初の安息日(土曜日)になる。

(3) 全焼の供犠一般についてはレビ一章参照。安息日の全焼の供犠については、民二八9-10、エゼ四六4-5参照。代下二九27-28(ヨセフス『古代誌』二〇216-218参照)には全焼の供犠の間にレビ人によって賛歌が歌われたことが言及されている。

(4) 「聖なる者たち」は聖書では多くの場合天使を指すが、人間を指す用例もある(詩三四10)。聖書外文書でも天使を指す用例が多い。他のクムラン文書でも本文書でもそうであるが、初期キリスト教文書では人間を指す用例が多い(使九13、ロマ八27、Iテモ五10、ヘブ六10、『クレメンスの手紙I』四六2、『イグナティオスのスミルナへの手紙』一2など。トビ八15、エチ・エノク四八7も参照)。本文書では基本的に「天使たち」を指していると思われるが、栄光化された人間の崇拝者たちも含められているかもしれない。

(5) 「神的なる者たち」(エロヒーム)は天使たちのこと。複数形の語尾を持つこの語は聖書では通常は単数形扱いで

「神」（いわゆる唯一神）を指す語として用いられるが、時に他の神々（出二〇3、ヨシ二四20、23など）や天使たち（詩九七7、一三八1など）に適用されることもある。クムラン文書ではこの語は聖書の引用以外では避けられる傾向にあるが、本文書と『賢者の詩篇』4Q510–511 では自由に使われ、神か天使を指す語として用いられている。後注（12）参照。

（6）第2行冒頭の「神」は、「讃えよ」という命令形の直接目的語であり、それに続く「神的なる者たち」は呼びかけである。このパターンは以後の歌の中でも繰り返される。

（7）「かれの」はいったん書かれた後で消されている。

（8）「神性」（エロフート）は「神」（エロヒーム）の抽象名詞。中世のヘブライ語からは知られているが、聖書には現れない。安息歌七4（4Q403 一 i 33）、ベラ 4Q287 二8参照。

（9）「[内堂の]祭司たち」は、本歌8、17、19行の同じ表現に基づく復元。「内堂」（コレブ）と訳した語は、聖書で「……の内側に、……のただ中に」などと訳されるケレブ（同語根）の相当語（メルツェ 11Q13 II 10「コレブ」と詩八二1「ケレブ」を比較せよ）。ここで「内側」は次の「至聖所」と同義なので「内堂」とした。

（10）「至聖所」（デビール）は神殿の一番奥の部屋（王上六5–31、七49、八6、8、詩二八2、代下三16他参照）。この語は安息歌に単数形でしばしば用いられるが、複数形（4Q405 七7〔本訳一六三頁〕の復元が正しければ七つ）でも用いられる。「至聖所の従者たち」という類似の表現は神業 4Q392 一9に現れる（詩一〇四4参照）。

（11）「御前の従者たち」と名詞的に訳した表現は、「御前に仕える」と修飾語として訳すことも可能（エス一10、サム上二18参照）。「御前」（直訳「顔」）という表現は神を指す称号として用いられるようになっているが、聖書にその起源はある（出三三14–15、詩二一10、哀四16）。「御前の従者たち／に仕える」という表現にはイザ六三9の「かれの御前の天使」という考えが影響していよう。「御前の天使（たち）」という表現は、祝福 1QSb IV 24–25, 26, 感謝詩 1QH^{a} XIV 16、ユダ遺 3Q7 五3、ヨベ一27、29、ユダ遺二五2、レビ遺三5–7などに現れる。

（12）「[知識の]神々」という復元については、安息歌七2（1）（4Q403 一 i 31）参照。「神々」と訳した語（エリーム）は、クムラン文書では通常は単数形で「神」を指す語（エル）の複数形であり、エルはエロヒームよりはるかに多く用いられている。聖書では単数形で「神」（創四九25、出一五2、マラ二10など）、または異教の「神」（三四14、詩八一10、マラ二11）、複数形で異教の「神々」（出一五11）、あるいは「天使たち」（詩二九1）を指す。クムラン文書では、複数形のエリームは「天使たち」を指す（戦い 1QM I 10, 感謝詩 1QH^{a} XVIII 10, 賢者詩 4Q511 一〇11、および安息歌）。前注（5）参照。

すべてにとっての集会において(1) 5[……………]神的なる者たち(2)。

かれは霊の諸々の業《わざ》すべてに（関する）(3)かれの諸々の掟と[……の]諸裁きを刻み込んだ(4) 6[…………]知識、分別の民(5)、神の栄光を受けた者たち、知識に近づく者たちのために 7[……]世々《よよ》の[……]そして[聖の]聖たる諸聖所(6)にとっての聖の源から(7) 8[…………]内堂の祭司[たち、聖の]聖なる王の御前の従者たち(8) 9[…………]かれの栄光。そして掟という掟を彼らは七つの[……]のために固くする(9) 10[…………かれは]彼らをかれ自身[のために]聖の聖[における聖の]聖なる者[たち]として据えた。11[…………]評議会(10)に従って彼らの中に[………]知識から 12[…………]聖の聖[……]、祭[司たち…………彼]らは[……]の司《つかさ》たち(11) 13[…………]王の諸々の宮殿(12)において[…………]、彼らの区域においてまた彼らの嗣業《しぎょう》において(13) 14[…………]彼らは道のね[じ曲がった者たち](14)すべてに耐えられない(15)。そして彼らの諸々の聖なる（場所）に穢《けが》れは無[い](16)。

15[そして聖]なる[諸々の掟を]、かれは彼らのために刻み込んだ(17)。それらによって永久に聖なる者たちすべては

（1）「神の集会」（詩八二1、メルツェ 11Q13 II 10、感謝詩 1QH^{a} XXVI 10（＝4Q427 七 i 14）および「神々の集会」（戦い 1QM I 10, 4Q491 一一 i 12、モーセ 1Q22 IV 1）参照。

（2）「神的なる者たち」（エロヒーム）、一一〇頁の注（5）参照。

（3）あるいは「霊の諸々の業（＝被造物）すべてのために」。

（4）「刻み込む」（*hrt*）という動詞は、聖書では神によって刻まれた十戒の石板への言及において一度だけ用いられている（出三二16）。死海文書の用例は、本歌15行、安息歌五6（4Q402 四3）、一三14（4Q405 一三 ii 3）、共規 1QS X 6, 8, 11, 戦い 1QM XII 3, 感謝詩 1QH^{a} IX 26、賢者詩 4Q511 六三―六四 ii 3参照。掟が天の板に刻まれるという考えついて、エチ・エノク八一1-2、九三1-3、一〇六19、ヨベ三8-14、31、四5、32、五13、六17、29-35、一五25-26、一六9、29、一八19、二四33、二八6、三〇9、三二15、三三10、五〇13も参照。

（5）「分別と共に」とも訳せる。「分別の民」の場合、「分別のない民」（イザ二七11、感謝詩 1QH^{a} X 21, ダマ CD V 16）に対する対抗表現であろう。ここで「分別の民」はおそら

く天使を指す。

(6) 安息歌では複数形の「聖所」が言及される（七17［4Q404五5／4Q405六7］、八4［二回、4Q403一ii21、4Q404八一九6］、一三22［4Q405一三ii11］）。単数形の用例もある（六44［4Q403一i11］、七13［4Q403一i42］、八5［4Q403一ii22］、八12［4Q405一一5］、一三15［4Q405一三ii4］）。ここでは天にある複数の聖所が考えられている。

(7)「聖の源」とは神のこと。「源（または泉）」について、共規1QS X 12, XI 3, 5, 6, 感謝詩1QHa XVIII 33, XX 32参照。

(8)「内堂の祭司たち」および「御前の従者たち」については、それぞれ一一一頁の注（9）、（11）参照。

(9) あるいは「強くする、強化する」。

(10)「評議会」（ソード）は、安息歌では天使たちの組織を描くのに用いられている。ここでは単数だが、複数の用例もある。単数——安息歌一30（4Q400一ii9）、八2（4Q403一ii19）、およびベラ4Q286七i6、賢者詩4Q511一〇11参照、複数——六44（Mas1k II 25）、七5（4Q403一i34）、八5（4Q403一ii22）、およびベラ4Q286一ii2、二2、五12参照。安息歌八5は「七つの評議会」に言及している。

(11)「司たち」（サルの複数形）は安息歌八6（4Q403一ii23）に単数形で、また読みが正しければ4Q401六4に複数形の「聖なる司たち」という表現で現れる。この語は聖書では人間の役人ないし軍人の長を指すが、天使を指す場合もある（ヨシ五14、15、ダニ八11など）。クムラン文書でも人間の他に天使（共規1QS III 20, ダマCD V 18, 戦い1QM XIII 10, 14）また神（感謝詩1QHa XVIII 10）を指している。

(12)「宮殿」と訳した語は、聖書では王の宮殿（王上二一1他）、神殿（イザ六1他）、本堂（王上六3他）、あるいは天の神殿ないし神の宮殿（サム下二二7／詩一八7、詩一一4、二九9）を指す。クムラン文書でも同様（戦い1QM XII 13/XIX 5/4Q492一5、ベラ4Q287二11など）。

(13)「彼らの区域」「彼らの嗣業」という表現は、天の神殿の中に天使たちの空間的な割り振りが想定されていることを意味しよう。神殿および土地を祭司と民に割り振るエゼキエルのヴィジョン（エゼ四五―四八章）参照。

(14) 復元は第16行に基づく。

(15)「耐える」（*klkl*）についてはマラ三2参照。この動詞には、「支える、維持する」などの意味もある。安息歌五9（4Q402四6）、一二25（4Q405一三i5）参照。

(16) 天使が祭儀的穢れを耐えられないという点について、会衆1QSa II 3-9, 戦い1QM VII 3-6参照。天の神殿に穢れがないことは地上の神殿の雛型としてであるが、クムラン共同体は現実のエルサレム神殿が祭司たちによって穢されていると糾弾している（ダマCD IV 17-18, V 6, XX 23, ハバ・ペ1QpHab XII 8-9）。

(17) 前注（4）参照。

自らを聖別する。そしてかれは［……の］浄《きよ》い者たちを浄める、[16]道のねじ曲がった者たちすべて［……］。そして彼らは背きから立ち帰るすべての者⑴のために、かれの意思《みこころ》を宥《なだ》める。⑵（余白）

[17]［……］内堂の祭司たちの中の知識。そして彼らの口から聖なるものすべて（について）の諸々の教えが［……の］諸裁きと共に（出る）。[18]［……］世々のあわれみたる諸々の赦しに至るかれの慈愛。⑶しかし、かれの妬みの復讐においては[19]［……］かれは自らのために内堂の祭司たち、聖の聖なる者たちを据えた[20]［……］神々の［神、⑷……に］近づく高き諸々の高みの祭司たち⑸[21-22]［……あなたの］支配の高みの諸々の［賛］美⑹［……］[23]諸々の高み、そして［……］[24]あなたの支配の壮麗さ［……］[25]高き諸々の高みの諸々の門の中に⑺［……］[26]［……］すべての［……］の霊⑻［……］[27]聖の聖たる聖なる者たち［……］[28]七つの［……］のための神的なる者たちの王⑼［……］[29]王の栄光。（余白）［……］[30]神［々］の評議会⑽におけるかれの栄光［……］[31]七つの径《みち》⑾に［……］[32]静かな諸裁き［……］[33]世々。（余白）［……］

[34]そして彼らはかれの栄光を賞揚する［……］[35]指導者たちの王⑿［……］[36]聖なる者たち［……］

[37]聖なる［……］[38]神々［……］[39]義。（余白）［……］

[40]祭司職［……］[41]神の諸々の慈愛［……］[42]聖別されること［……］

[43]［……］⒀

[44]［……］不思議な高みのために⒁[45]［……］浄めの舌⒂[46]［……］神⒃、七つの[47]［……］[48]［……大］きな[49-51]［……］[52]［……］七つで[53]［……］[54]［……の言］葉[55]［……七］つ

[56]［……］⒄

[57-58]［……］[59]［……］神⒅[60]［……］⒆[61]かれの聖性のほめ歌⒇［……］[62]副指導者たちに［……

（1）「背きから立ち帰る者」という表現は、イザ五九20に由来するが、クムラン共同体にとってはほとんど自称のようなものとなっている（共規 1QS X 20, 感謝詩 1QH^{a} VI 35, X 11, XIV 9, ダマ CD II 5）。

（2）「宥める」（キッペル）と訳した語は、通常は「あがなう」と訳される語（創三二21参照）。「意思」（ラツォン）と訳した語は「好意、恩顧」などを意味する語（共規 1QS VIII 10 参照）。天使が人間のための執り成しをするという考えについては、レビ遺三5-6、ヨセ・アセ一五7-8参照。立ち帰る者のあがないについて、ダマ CD II 3-6 も参照。

（3）感謝詩 1QH^{a} XIV 12, ダニ九9参照。

（4）「神々の神」（[エ]ロ[ヘー]・エリーム）の「神」は、次の「祭司たち」との並行をなす複数（「神的なる者たち」）と解することも可能。

（5）本歌第25行（4Q400 一 ii 4）参照。

（6）安息歌二19（4Q400 二 1）参照。

（7）創二八17「天の門」、創注 4Q253 二 5「高みの諸々の門」、4Q500 一 4「聖なる高みの門」参照。

（8）「霊」は単数。

（9）一一〇頁の注（5）参照。

（10）賢者詩 4Q511 一〇11および一一三頁の注（10）参照。

（11）「七つの径」は天の神殿の造りに関係していよう。安息歌七34（4Q403 一 ii 11）「高みの七つの聖なる（場所）」、八4（4Q403 一 ii 21）「不思議な七つの区域」、八5（4Q403 一 ii 22）「聖なる七つの評議会」参照。

（12）「指導者たち」（ナスィーの複数形）。聖書では人間の指導者一般、特に『エゼキエル書』ではダビデ系の指導者（メシア）を指す。他のクムラン文書でも終末論的なメシア的指導者を指すことが多い（祝福 1QSb V 20, 戦い 1QM III 3, 15, 16, 神殿 11QT^{a} XXI 5, XLII 14, LVII 12 など）。安息歌では天使を指す。

（13）ここの一行はここまでの 4Q400 一 ii 1-21と、以下に続くと想定される 4Q400 三 i 1-12との正確な繋がりが不明なために設けられた再構成上の余白。

（14）あるいは「不思議な高みをくまなく」。

（15）「舌」（ラション）は「言語、言葉」の意。

（16）あるいは「神的なる者たち」。

（17）ここの一行はここまでの 4Q400 三 i 1-12と、以下に続くと想定される 4Q400 四 i 1-3との正確な繋がりが不明なために設けられた再構成上の余白。

（18）あるいは「神的なる者たち」。

（19）ここの一行はここまでの 4Q400 四 i 1-3と、以下に続くと想定される 4Q400 三 ii + 五 1-6との正確な繋がりが不明なために設けられた再構成上の余白。

（20）安息歌六41（MasIk II 22／4Q403 一 i 9）に「かれの聖性の諸[々]のほめ歌の七つの讃美」という表現がある。

…］[63]かれの真実。［……の諸々のか］たちの諸像［…………］[64]そして［……］の七つの言葉［…………］[65]知る
者たちを祝福すること［…………］七［つの］[66]不思議な言葉［…………］

安息日供犠の歌二（校訂版）

（4Q400三ii＋五8－10［1－3行］、4Q400四ii3－5［9－11行］、4Q401一四i1－8［13－20行］、4Q400二1－14［19－32行］、
4Q401一四ii1－8［34－41行］）

[1]賢者に。［第一の月の第十一日である第二の安息日の全焼の供犠の］歌。
［讃えよ、］[2]栄えある者［たち］①の神を［…………］
[3-15]［…………］
[16]［……］その高さは［……］の上に高く［…………］[17]［……］なぜならあなたは［……］において尊ばれているか
らである［…………］神々の神々②［……］[18]諸々の統治の頭《かしら》たち③［…………］あなたの栄［光］の支配の天④、[19]あ
なたの栄光を知識の神々⑤の間で不思議をもって讃え、あなたの支配の諸々の賛美を聖の聖なる者たちの間で（讃え
る）こと。
[20]彼ら⑥は神的なる者たちの諸陣営⑦すべてで栄えある者たちであり、人々の諸会合で畏《おそ》れられている。[21]彼らは神的
なる者たちや人々以上に不思議をもってかれの支配の尊厳⑧を彼らの知識に応じて告げ、そして彼らは賞揚する［…
…………］[22]かれの支配の天。そして高き諸々の高みすべてにおいて［……］すべてに応じて不思議な諸々の讃美
［…………］[23]神的なる者たちの王の栄光を彼らは彼らの立ち位置⑨であるすまい⑩において告げる。⑪（余白）

だが［…………］[12] 24われらは彼らの［間で］何者と考えられようか。そしてわれらの祭司職は彼らのすまいにお

（1）「栄えある者たち」という表現は天使たちを指す（本歌第20行、感謝詩 1QH^a XVIII 10, ノア 1Q19 三 3参照）。
（2）「神々の神々」（エレー・エリーム）という表現はここのみ。
（3）「諸々の統治の頭たち」と同様の表現は安息歌七26（4Q403 一ii 3）に、また単数形の「諸々の統治の頭」は賢者詩 4Q511 二i 3に現れる（「統治・支配」、戦い 1QM X 12, 感謝詩 1QH^a IX 13 参照）。
（4）「天」というありふれた語は安息歌ではここと本歌第22行（4Q400 二4）にしか現れない。
（5）「知識の神々」という表現は、安息歌七2（1）（4Q403 一i 31）、9（同38）、一二28（4Q405 二三i 8）にも現れる。安息歌はしばしば神々ないし天使たちの知識に言及している。
（6）ここの「彼ら」は第18行の「諸々の統治の頭たち」を指す。おそらく安息歌一の「指導者たち」と同定される。
（7）「神的なる者たちの諸陣営」は安息歌一二8（4Q405 二〇ii—二二13）にも現れる。創三二3、感謝詩 1QH^a X 27, 戦い 1QM III 5 参照。
（8）代上二九25、ダニ一一21参照。
（9）ネヘ八7、九3、代下三四31、戦い 1QM XIII 1 参照。
（10）「すまい」（マオンの複数形）。聖書に複数形の用例はない。「すまい」一般を指す語だが、安息歌では天における住まいを指す（安息歌二24、七18、八2、6、28）。エチ・エノク三九4-5、申二六15、共規 1QS X 3, 戦い 1QM XII 2. 4Q491 一一15（14）、20、ベラ 4Q287 二13、賢者詩 4Q510 一3、4Q511 四一1参照。
（11）DJD XI（190）は第21-23行について、次のような復元を提案する。「彼らは神的なる者たちや人々以上に不思議をもってかれの支配の尊厳を彼らの知識に応じて告げ、そして彼らは［かれの栄光を］かれの支配の天［すべてにおいて］賞揚する。そして高き諸々の高みすべてにおいて［彼らの分別］すべてに応じて不思議な諸々の讃美［を謳う。そして］神的なる者たちの王の栄光［の壮麗さ］を彼らは彼らの立ち位置であるすまいにおいて告げる」。
（12）ここの欠損部分には「われらは泥土の造りものにすぎない」（感謝詩 1QH^a XI 24-25 参照）といった内容があったと思われる。

いて何であろうか⑴。そして〔われらの聖性は…………〕 [25]彼らの聖性〔…………⑵〕。われらの塵《ちり》の舌の捧げ物⑶は神〔々〕の知識の間で〔何であろうか。…………〕 [26]〔…………〕われらの歓呼のために、われらは知識の神⑷を賞揚しよう〔…………〕 [27]〔…………〕聖性。そしてかれの分別は〔……を〕知る者すべてよりも〔…………〕 [28]〔……………〕聖性、最〔初〕の聖性〔…………〕 [29]〔…………〕掟と共に知識の〔諸々の〕舌⑸〔…………〕 [30]〔…………〕栄〔光…………〕 [31-32]〔…………〕

[33]〔…………⑹〕

[34]〔…………〕 [35]かれの諸々の不思議の秘義⑺〔…………〕 [36]歓呼の声〔…………〕 [37]彼〔ら〕はできない〔…………〕 [38]〔神〕は強くする〔…………〕 [39]指導者たち〔…………〕 [40]隠された事々を彼らは聞かせる⑻〔…………〕

[41]王の唇の発声に⑼〔…………〕

安息日供犠の歌三（校訂版⑽）

[1]〔賢者に。第一の月の第十八日である第三の安息日の全焼の供犠の歌。〕

[2]〔讃えよ、……の神を⑾〕

安息日供犠の歌四（校訂版）

（4Q401 一—二1-6〔1-6行⑿〕）

[1]賢者に。［第一の月］の第二十［五日である第四の安息日の全焼の供犠の］歌。
[2]讃えよ、［……］の神を［…………］[3]そして［…………］彼らは［……］の前に立つ［…………］[4]支配［…
…………の］頭《かしら》［たち］すべての中で［…………］[5]神的［なる者たち］の王［…………］[6]［…………］

（1）同様の自己卑下的問いについては、感謝詩 $1QH^a$ IX 27–28, XI 24–26, 賢者詩 4Q511 三〇 4–6参照。

（2）第24行後半の欠損部分から25行冒頭までは、おそらく人間の聖性と天使の聖性が比較にならないことについて記されていたと思われる。

（3）「われらの塵の舌の捧げ物」という表現は安息歌にしか現れないが、類似の表現として「唇の捧げ物」（共規 1QS IX 4-5, X 6, 14）参照。安息歌では「捧げ物」は「賛歌の捧げ物」ないし単に「賛歌」を意味する。ヘブ一三15参照。

（4）「知識の神」という表現は、安息歌五15（4Q402 四12）、一三23（4Q405 二三 ii 12）、4Q401 一一 2にも現れる。感謝詩 $1QH^a$ IX 28, XXII 34, 共規 1QS III 15, 賢者詩 4Q510 一 2、安息歌 4Q511 一 7–8参照。

（5）「知識の諸々の舌」は日ごと祈 4Q503 七―九 4にも現れる。

（6）ここの一行はここまでの 4Q400 二 1–14と、以下に続くと想定される 4Q401 一四 ii 1–8との正確な繋がりが不明なために設けられた再構成上の余白。

（7）安息歌八10（4Q403 一 ii 27）、戦い 1QM XIV 14参照。

（8）主語はおそらく前行の「指導者たち」。誰に聞かせるのか、下位の天使たちか人間かは不明。「隠された事々」は終末論的な事柄か、祭儀的ないし法的事柄を指すと思われるが、次行の「王の唇の発声」への言及からすると後者の蓋然性が高い。申二九28では、「隠されている事々」は「われらの神ヤハウェのもの」とされ、イスラエルに顕わされた律法の言葉と対比されている。クムラン文書では、「隠された事々」はこの共同体にのみ顕わにされた神の教えの秘義を意味する（ダマ CD III 13–15, 共規 1QS V 11 など参照）。

（9）申八3参照。

（10）安息歌三に属すると思われる断片はない。但し、4Q401 のいくつかの断片（本訳一五六―一五九頁）はここに属する可能性がある。

（11）他の安息歌の冒頭に基づく復元。

（12）4Q402 一 1–7（本訳一六〇頁）も安息歌四に属する可能性があるが校訂版には含まれていない。

安息日供犠の歌五（校訂版）

（4Q402四1–15［4–18行］、Mas1k I1–7［14–18行］、4Q406一1–2［17–18行①］）

1［賢者に。第二の月の第二日である第五の安息日の全焼の供犠の歌。］
2［讃えよ、……の神を…………］
3［…………］②
4［…………］5［…………］そしてかれは知識を分けた③［…………］6［……］かれの分別［に従って］かれは［かれの諸々の掟］を刻み込んだ④［…………］7［…………］彼の穢《けが》れ⑤の［とき……］そしてない［…………］8［…………］そして彼らは［……］ない［……］共同体に⑥［…………］9［…………かれの］思いと聖［なる者たちの］知識を［維持］する者たち⑦［…………］10［…………］神⑧の戦い⑨［…………］11［…………］なぜなら諸［々］の戦［い］の諸々の［武具］⑩は神々の神のものだからである［…………］12［…………］神的なる者たちは［かれの］召集に⑪馳《は》せ、そして騒擾《そうじょう》の声［…………］13［…………］叢雲《むらくも》の戦い⑫における神的なる者たち、そしてそれは⑬［…………］14［…………］不思［議］な諸々の新しい業⑭。これらすべてをかれは不思議をもって為した⑮、かれの慈愛の思慮において。｛そして｝［……］なしに15［…………］知識の言葉すべて。なぜなら、永久に存在するものはすべて知識の神から生じるからである。そしてかれの知識16［と］かれの諸々の［思慮］から世々《よよ》の定めの時節すべては生じた。かれは初めの事々をそれらの［時機］に行い、そして終わりの事々を17それらの定めの時期に為される⑯。そして［不思議］の啓示を知る者たちの中に（それらを）かれが為す前に悟る者はいない。またかれが為したときに、18神の［……］の誰もかれが何を思慮しているか洞察することはできない。なぜなら、それらはかれの栄光の業の一部だからである。それらの生じる前に、（それらは）かれの［思いの一部］（であった）。（余白）

（1）4Q402 二1-5、三i1-10、三ii4-13（本訳一六〇頁）も安息歌五に属する可能性があるが、校訂版には含まれていない。

（2）安息歌五は末尾部分しか残っておらず、冒頭の定式と残存する諸断片の正確な位置づけは不明。第3行の欠損表示はそのための便宜的なもの。

（3）「分ける」あるいは「割り当てる」（*plg*）、創一〇25、代上一19、詩五五10、ヨブ三八25、感謝詩 1QH^{a} V 30, IX 18, 20, 祭日祈 4Q509 II 五―六5、賢者詩 4Q511 四二3参照。

（4）一一二頁の注（4）参照。

（5）ベリアルを指すかもしれない。

（6）「共同体に」（*lyhd*）、あるいは「一つにすること（ために）」。「……と一緒に」と訳すことも可能。

（7）一一三頁の注（15）参照。

（8）あるいは「神的なる者たち」。

（9）戦い 1QM IV 12, IX 5, XV 12, 感謝詩 1QH^{a} XI 36(-37) 参照。

（10）感謝詩 1QH^{a} XIV 34, 戦い 1QM VIII 8, XIV 6-7, XVII 1, 12 参照。

（11）「召集」（*pqd*）は、「訪れ、裁き、登録」とも訳せる語。軍事的用法としては代下二六11参照。

（12）天上の終末論的戦いの暗示。戦い 1QM XI 17-XII 1, XVII 6-8, 黙一二7参照。「叢雲」（シャハクの複数形）、戦い 1QM X 11 参照。

（13）この主語（女性形単数）はおそらく「戦い」を指す。

（14）おそらく終末論的な天上の戦いにおける神の勝利を指す。ここの「新しい」の用法について、イザ四二9、四八6参照。

（15）イザ四五7、六六2参照。

（16）「初め」と「終わり」について、イザ四一4、四四6、四八12参照。歴史があらかじめ定められているという考えについて、ハバ・ペ 1QpHab VII 13-14, 共規 1QS III 15-16 など参照。

安息日供犠の歌六（校訂版）

（4Q406 一 4–6［1–3行］、Mas1k I 8–21［1–14行］、Mas1k II 1–26［20–45行］、4Q405 三 i 10–16［22–29行］、4Q403 一 i 1–29［25–62行］、4Q406 三 1–3［26–28行］、4Q404 一 1–3［35–38行］、4Q405 三 ii 1–19［45–60行］、4Q404 二 1–11［53–61行］(1)）

[1]賢者に。［第二の］月の第九日である第六の安息日の全焼の供犠の歌。
[2]［讃えよ］、神々の［神］を、諸々の高き高みに住まう者たちよ。
[3]［…………］聖の聖［……］。そして賞揚せよ、かれの栄光を、[4]［…………］世々《よよ》の神々の［知］識[5]［……
……］諸々の高き高みの呼ばれた者たち(2)[6]［…………］すべての聖性をもって[7-18]［…………］
[19]［頭《かしら》たる指導者たちの第一の者(3)の舌による祝福の讃美］、[20]［世々の］神へ、［その(4)不思議な七つの祝福をもって。
そして彼は］[21]［…………の］王を(5)、［七度七つの］[22]［不思議な祝福の］言葉［をもって祝福する。］
［第二の舌による］偉大さの［讃美］、[23]真実と［義の王へ］、その不思議な七つの偉大さをもって］。そして彼は[24]［…
………］神［々］すべての［神］(6)を、［七度七つの］[25]［不思議な］偉大［さの言葉をもって］偉大な者とする。
頭たる指導者たちの第三の者の［舌による賞揚の讃美、］[26]［……の］賞揚、［…………］、その不思議な七つの称
揚をもって］(7)。[27]彼は［…………］の神を(8)、七度七つの不思議な称揚の言葉をもって賞揚する。
[28]［第］四の舌による賛美の讃美、神的なる者たちすべてに勝る勇士へ(9)、[29]その不思議な七つの大能《たいのう》をもって。そ
して彼は諸々の大能の神を、[30]七度七つの［不思議な］賛美の言葉をもって賛美する。
[31]第五の舌による［感］謝の［讃］美、栄光の［王］(10)へ、その不思議な七つの感謝をもって。[32]彼は栄えある神(11)に、
七［度七］つの不思議な感謝の［言］葉［をもって］感謝する。

[33]第六の舌による歓呼の［讃］美、よき神(12)へ、［その不思議な］七つの歓呼をもって。[34]［そして］彼はよき王を、七度七［つ］の不思議な歓呼の［言葉］をもって歓呼する。
[35]［頭たる］指導［者たち］の第七の舌によるほめ歌の讃美、[36]力強いほめ歌、聖なる神へ、その諸々の不［思］議の七つ［のほめ歌］をもって。[37]そして彼は聖なる王を、七度七［つの］不思議なほめ［歌］の［言］葉をもってほめ歌

（1）4Q401 三1-5、一三1-3（本訳一五六、一五八頁）、4Q405 一1-2、二1-4、4Q406 二1-3も安息歌六に属する可能性があるが、校訂版には含まれていない。
（2）民一16、一六2、二六9参照。
（3）以下の記述から明らかとなるように、七人の「頭たる指導者たち」の存在が考えられている。彼らは天の聖所における大祭司のような天使長たちであろう。七人の天使については、エゼ九1-2、トビ一二15、エチ・エノク二〇1-7（ギリシア語版）、レビ遺八2、黙八2-3、6-13、一一15、一五1、5-7、一六1-21参照。「頭たる指導者」という表現については、エゼ三八2-3、三九1参照。
（4）「その」は「舌」か「讃美」（単数女性名詞）を受ける。以下同じ。
（5）DJD XI（243）は、この欠損部分を「［世々に聖なる者たちすべての］王」と復元する。
（6）DJD XI（243）は、この欠損部分を「［義に割り当てられた］神［々］すべての［神］」と復元する。
（7）DJD XI（243）は、欠損部分を「頭たる指導者たちの第三の者の［舌による賞揚の詩篇、かれの真実の］賞揚、［御使いたちの王へ、その不思議な七つの称揚をもって］」と復元する。
（8）DJD XI（243）は、この欠損部分を「［高みの御使いたちの神］」と復元する。
（9）「勇士」は聖書でも神に適用されている。申一〇17、イザ一〇21、エレ三二18、詩二四8など参照。戦い 1QM XII 9, IV エズ六32、シリア・バルク四七1なども参照。
（10）詩二四7-10、戦い 1QM XII 8, XIX 1, 賢者詩 4Q510 一1、4Q511 五二—五九 iii 4、安息歌七2（4Q405 一六7）参照。
（11）4Q403 一 i 4は「栄えある」（*hanikhbad*）、MasIk II 13 は「栄光の」（*hakavod*）と読む。詩二九3、共規 1QS VI 27 参照。
（12）感謝詩 1QH^{a} V 33, VI 28, XV 33, XVIII 18, XIX 9, 12, 34, XX 24, XXIII 15 参照。

う。[38]かれの諸々の祝福の七つの讃美、［かれの義の］偉大さの七つの讃美、[39]かれの支配の称揚の七つの讃美、［かれの栄光の諸々の賛美］の七つの讃美、[40]かれの諸々の不思議の諸々の感謝の七つの讃美、かれの力強さの［諸］々の［歓］呼の七つの讃［美］、[41]かれの聖性の諸［々］のほめ歌の七つの讃美。［…………の］系譜［…………］

[42]［…………七］度七つの不思議な言葉をもって、［……の］言［葉……］

[43]頭［たる］指導者たちの［……］(1)は、神の栄光の名において、［…………］す［べて］を、[44]［七つの］不思議な言葉をもって［祝］福し、彼らの諸評議会(2)すべてを、［聖なる］聖所で[45]［七］つの不思［議］な言［葉をもって］祝福し、［また］それらの中で(3)世々（の事物）を知る者たち(4)を（祝福する）。

[46]［頭たる指導者たちの第二の者は、］かれの真実の［名において、彼らの］立ち位［置］すべてを、七［つの］不思議な言葉を［もって祝福し］、そして七つの［不思議な］言葉をもって祝福し(5)、[47]［そして］王［…………］(6)かれの諸々の不思議の栄光の七つの言葉をもって［祝福する］、世々に浄い者たちすべてを(7)。

[48]［頭たる指導者たちの第］三の者は、かれの支配の称揚の［名において］、知識の高められた者すべてを、七つの称揚の言葉を［もって祝福し］、そして[49]［かれの真実の］知識の［神々］すべてを、七つの不思議な言葉をもって祝福し、そして義に［割り当てられた者］たちすべてを、七［つの］不思議な［言］葉をもって祝福する。

[50]頭たる指導者たちの［第四の者］は、王の尊［厳］の名において、［ま］っすぐに歩む［者たち］(8)す［べて］を、［七］つの尊［厳］の言葉をもって祝福し、そして尊厳の礎《いしずえ》を据える者たちを、七つの[51]［不思議な］言葉をもって祝福し、［そしてかれの］真実の知識に［近づ］く神［々］すべてを、［かれの栄］光のあわれみのために、七つの義の言葉をもって祝福する。

[52]［頭たる］指導［者たち］の［第］五の者は、かれの諸々の不思議の［尊厳］の名において、浄さの［……］の秘義を知る者たちすべてを、［かれの］真実の七つの称揚の言［葉］をもって祝福し、[53]［そして］かれの意思《みこころ》を切望する

者たち[9]すべてを、七つの不思議な言葉をもって［祝福し］、そしてかれに感謝する者たちすべてを、不思議な諸々
の尊厳[10]のために、七つの尊厳の［言］葉をもって祝福する。
54 頭たる指導者たちの第六の者は、神々の諸［々］の大能の名において、洞察力のある者たちすべてを、
55 かれの不思議な大能[11]の七つの言葉をもって祝福し、そして道の完全な者たち[12]すべてを、来たるべき［世］々すべてにわたる

（1）DJD XI（252）は、この欠損部分を「頭［たる］指導者たちの［第一の者］」と復元することを提案する。

（2）一一三頁の注（10）参照。

（3）「それらの中で」（*bm*）はこの文脈では意味をなしておらず、むしろ「祝福する」（*brkh*）という動詞がくるはずであるが、4Q405 三ii1および MasIk II 26 がこの読みを支持している。両写本の底本が同じであり、そこにすでに誤記があった可能性がある（DJD XI 263）。

（4）ベラ 4Q286 七i6、安息歌八2–3（4Q403 一ii19–20／4Q405 八—九3–4）参照。

（5）この文には目的語が欠けており誤記と考えられるが（次行の「世々に浄い者たちすべてを」を写し間違えたか）、4Q403 一i12および 4Q405 三ii2の二つの写本の支持がある。両写本の底本が同じであり、そこにすでに誤記があった可能性もあるが（DJD XI 264）、本当の原因は不明。

（6）DJD XI（256）はこの欠損部を「王［を賞揚する者たちすべてを］」と復元する。

（7）前注（5）参照。

（8）箴一四2参照。

（9）感謝詩 1QH^a XIII 23–24 および『VIII 詩篇』六七頁の注（3）参照。

（10）「尊厳」（*hwd*）の語は本文書にも聖書にもしばしば用いられるが、複数形はここのみ。

（11）戦い 1QM XI 9, XV 13, ダマ CD XIII 8, 感謝詩 1QH^a XVII 27 参照。

（12）「道の完全な者」（詩一一九1、箴一一20参照）は、クムラン文書ではしばしばこの共同体メンバーを指す。共規 1QS II 2, III 9–10, IV 22, VIII 10, 18, 21, IX 2, 5, 9, ダマ CD II 15–16, 戦い 1QM XIV 7／4Q491 八—一〇i5、感謝詩 1QH^a IX 38, 賢者詩 4Q510 一9／4Q511 一〇8、4Q511 六三iii3参照。

日ごとの捧げ物として、(1)七つの不思議な言葉をもって祝福し、[56]そしてかれを待ち望む者たち(2)すべてを、かれの慈愛あるあわれみ(3)の回帰のために、七つの不思議な言葉をもって祝福する。

頭たる指導者たちの第七の者は、[57]かれの聖性の名において、(4)知識を基礎づける者たちの中の聖なる者たちすべてを、［かれの］不思議な聖性の七つの言葉をもって祝福し、そしてかれの諸裁きを賞揚する者たちすべてを、[58]力強い諸々の盾(5)とするために、不思議な七［つの言］葉をもって祝福し、そしてとわに［……］かれの栄光の支配(6)を讃える者たち［…………］すべてを、(7)[59]世々の平和のために、七つの不思議な言葉をもって祝福する。

そして［頭たる］指導者たちは皆、神々の［神］的なる［者］たち(8)を、［……の名］(9)において[60]［彼らの］七つずつの証《あか》し(10)すべて［でもって一緒に祝福し、そして］彼らは義に割り当てられた者たち(11)を祝福する。そしてかれに祝福される者たちすべては［…………］世々に［祝福］される者たち［…………］[61]彼らに。祝福されよ、［……］(12)すべての王、あらゆる祝福と［諸々の賛美］の上に。［そしてかれは、］かれを祝福し、［かれを義とする聖な］る者たち［すべてを］、[62]かれの栄光の名において［祝福し、そして］永久に祝福される者たちすべてを［祝］福する。（余白）

安息日供犠の歌七（校訂版）

（4Q404 二12［1行］、4Q404 三1–3［1–2行］、4Q403 一i30–46［1–18行］、4Q405 四—五1–5［4–8行］、4Q404 四1–10［6–11行］、4Q405 六1–11［11–21行］、4Q404 五1–8［15–20行］、4Q404 六1–6［23–26行］、4Q403 一ii1–16［24–39行(13)］）

[1]賢者に。（第二の）(14)月の第十六日である第七の安息日の全焼の供犠の歌。

讃えよ、諸々の高みの神を⒂、知識の神々すべての間で高められた者たちよ。
2 神的なる者たちの聖なる者たちに⒃偉大なものとさせよ⒄、その聖性によってかれの聖なる者すべてを聖別する栄光の王⒅を。

（1）「来たるべき[世]々すべてにわたる日ごとの捧げ物として」、あるいは「[世]々に存在する者たちすべてと共に常に」。祈りと賛美が日ごとの捧げ物にとってかわるという考えはクムラン文書から知られている（共規 1QS IX 4-5, 26, X 6, フロ 4Q174 一 i＋二＋二一参照）。

（2）イザ三〇18、六四3、ダニ一二12参照。

（3）エレ一六5、ホセ二21、ゼカ七9、ダニ一9、詩一〇三4、共規 1QS I 22, II 1, 感謝詩 1QH^{a} IX 33-34, XII 38 参照。

（4）詩三三21、一〇三1、一〇五3、一四五21、代上一六10、ダマ CD XX 34, 光体 4Q504 XX 一＋二 xii 6、祝福 1QSb IV 28 参照。

（5）詩一八36／サム下二二36、申三三29参照。

（6）エス一4、詩一四五12、ダニ一一20-21、安息歌一三22-23（4Q405 二三 ii 一一―一二）、4Q405 二四3（本訳一六四頁）参照。

（7）DJD XI（257）は、「かれの栄光の支配を讃える[義に割り当てられた者たち]すべてを」という復元を提案する。

（8）あるいは「神々の[神]」とも訳せるが、次行の「義に割り当てられた者たち」との並行関係に鑑み、天使たちを指すものと取る。

（9）DJD XI（257）は、「かれの聖性の名」という復元を提案する。

（10）イザ八16、20、安息歌一三27（11Q17 X 二三―二五 2）参照。あるいは、「召集、集会」とも訳せる。

（11）会衆 1QSa II 2 参照。

（12）DJD XI（257）は、「祝福されよ、[主、]」という復元を提案する。

（13）安息歌 4Q405 七 1-12と 11Q17 I 一―二 4-9にも安息歌七の末尾部分が残されていると考えられるが、その正確な位置が不明なため校訂版には含まれていない。

（14）安息歌 4Q403 一 i 30では「第二の」は写字生によって省かれているが、他の安息歌の定式から元来はそれがあったと考えられる。

（15）ミカ六6参照。

（16）あるいは「神の聖なる者たち」。いずれにしても天使たちを指す。

（17）テキストは、*yqdylu* だが、*ygdylu* の書き間違いと思われる。

（18）安息歌六31および一二三頁の注（10）参照。

神的なる者たちすべての諸々の賛美の頭たちよ、
3賛美せよ、尊厳の諸々の［賛］美の神を。

なぜなら、諸々の賛美の威光(1)の中にかれの支配の栄光(2)はあるから。その(3)中で神的なる者たちすべての諸々の賛美
は、
4［かれの］支配すべての威光と共にある。

［そして］賞揚せよ、かれの高みを高く、高みの神々のあいだの神的なる者たちよ、またかれの栄光の神性を。

5高き諸々の高みすべての上へと。

なぜなら、諸々の高みの頭たちすべてにとって［……］(4)、世々の諸評議会(5)すべてにとって王［たち］の王であるから。

6かれの口の諸々のことばに際して［……］(6)すべては生じ、かれの唇の発声に際して世々の霊たちすべてが（生じる）(7)。かれの知識の意思《みこころ》(8)によって、かれの諸々の業(9)のすべてはそれらの企ての中に（生じる）(10)。

7歓呼せよ、不思議な神的な者たちの中で歓呼［をもって……を］歓呼する者たちよ(11)。

そして口ずさめ、かれの栄光を、知識によって口ずさむ者たちすべての舌をもって、かれの不思議な歓呼を、
8［かれについて］口ずさむ者たちすべての口をもって。

［なぜなら、かれは］永久に歓呼する者たちすべてにとっての神であり、そして分別の霊たち(12)すべてにとってその大能による審判者だからである(13)。

9感謝せよ、尊厳ある神々すべてよ、尊厳の［……］に(14)。

なぜなら、かれの栄光に知識の神々すべては感謝し、また義の霊たちすべてはかれの真実に感謝するからである。

10そして彼らは彼らの知識をかれの口の諸裁き(15)において享受し、彼らの感謝をかれの大能《たいのう》の御手《みて》が報い(16)の諸裁きへと戻るとき（享受する）。

ほめ歌え、力強い神を(17)、
11最上の霊的献げ物(18)をもって、神的なる者たちの喜びによる［ほめ歌］のために、そして

(1)「尊厳」と「威光」は聖書でしばしば対となって用いられている。詩二一6、九六6、一〇四1、一一一3、ヨブ四〇10参照。
(2)代上二九25、ダニ一一20参照。
(3)「その」は直前の「かれの支配」を指す。
(4)DJD XI(269)はこの欠損部分を「[かれは神々の神であり]」と復元する。申一〇17、ダニ二47参照。
(5)一一三頁の注(10)参照。
(6)DJD XI(269)はこの欠損部分を「[高みの神々]」と復元する。
(7)創一章は天使の創造を含まないが、後のユダヤ教ではしばしば言及されている。ヨベ二2-3など参照。
(8)神の知識をとおして知られる神の意思のこと。
(9)「かれの諸々の業」とは、神の被造物のことで、ここでは直前の「世々の霊たち」、つまり天使たちを指す。
(10)「企て」は、行為、働きなどのこと(共規 1QS IX 23. X 13. 申一二7、一五10、二三21、二八8、20参照)。この一文は、天使は神の意思によって創造されたのだが、その意思は神の賛美という天使の働きにあるということを言っている。
(11)DJD XI(274)は、欠損部分を「歓呼[をもってかれの知識を]歓呼する者たちよ」と復元することを提案する。
(12)安息歌 4Q405 一七3(本訳一六四頁)参照。
(13)神を天使たちの審判者とする考えについては、安息歌一5、15(4Q400 一 i 5、15)、感謝詩 1QH^a XVIII 37 とエチ・エノク九〇20-25参照。
(14)DJD XI(269)は、欠損部分を「尊厳の[王]に」と復元することを提案する。
(15)詩一〇五5、一一九13参照。
(16)「報い」(*šlwmym*)、戦い 1QM IV 12「神の報い」(*šlwmy 'l*)参照。
(17)「力強さ」と「ほめ歌」の組み合わせは、出一五2、安息歌六36(4Q403 一 i 6)参照。
(18)直訳は「頭の霊の取り分」であるが、「霊」を物質との対比に捉えてこのように訳す。安息歌二25(4Q400 二7)、八9(4Q403 一 ii 26)でも他のクムラン文書(共規 1QS IX 4-5, 26, X 8, 14)でも物質的な献げ物を表す語彙が賛美の献げ物に適用されている。「頭」が「最上のもの」を指す用例として、出三〇23参照。「献げ物」と訳した *mnh/mnt* は、(供犠における犠牲動物の)「取り分、分け前」のことであるが、「献げ物」をも意味する。

聖なる者たちすべてによる慶びが、世［々の］喜び(1)による不思議な諸々のほめ歌のために（あるように）。

[12]これらによって聖の(2)［……礎たち］(3)すべてに讃えさせよ、諸々の高き高みの住まい(4)に挙げる柱たち(5)とその建物の隅すべてに。

ほめ［歌え］、[13]力（において）［畏］るべき神［を］、知識と光［……］よ、(6)｛耀(7)｝最も浄い天蓋(8)を［かれの］聖なる聖所へと一緒に挙げるために(9)。

[14]［……］(10)、神的なる者［たち］の霊たちよ、諸々の高みの頂たる天蓋に、その［梁］と壁(11)のすべてに、その［建物］すべてに、[15]［その］型の諸々の細工に(12)、世々《よよ》の世々に感謝する［ため］に。

聖の聖なる霊たち、生ける神的なる者たち、[16]聖な［る者たち］すべて［より］上の世々の聖なる霊たち［……］不思議な諸々の［天蓋］、不思議な尊厳［と威光］(13)。

［そして］栄光の神は、知識の最も完全な光(14)において不思議である。

[17]［…………］不思議の諸聖所す［べてにおいて……］。神的なる者たちの霊たちは、[18]真実［と］義の王のすまいの周りにいて、その壁のすべて［…………］聖の聖において［…………］[19]［…………］神に［……］の果て

[20]［…………］型［…………］声[21]［…………］彼らは聞かせる

[22]［…………］(15)

[23]［…………］のただ中から［…………］[24]完全な光、聖の聖なる色とりどりの霊(16)［…………］すべての王［…………］[25]知識の諸々の高台。そしてかれの足台に(17)［…………］不思議［…………］[26]［……の］霊［たち］の諸

（1）共規 1QS IV 7、イザ三五10、五一11、六一7参照。

（2）「これら」はここまで賛美するよう求められていた天使たちのこと。以下は天の神殿の建造物が呼びかけられる。

（3）おそらく「聖の［聖たる礎たち］」と復元できる。

(4)「(天の)住まい」(*zᵉbûl*)。イザ六三15、ハバ三11、共規1QS X 3, 戦い1QM XII 1-2/4Q491 五-六1、感謝詩1QH^a XI 35参照。

(5)「挙げる柱たち」とは、天の神殿(「諸々の高き高みの住まい」)を支える柱という意味であるが、同時に「(賛美の声を)挙げる」という意味も込められていると考えられる。後注(9)、一四九頁の(17)参照。「天の柱」については、ヨブ二六11、エチ・エノク一八3、11、『ヘブライ語エノク書』三八1および出一三21-22、光体4Q504 III 六10参照。

(6) DJD XI(269)はこの欠損部を、「知識と光[の霊たちすべて]よ」と復元する。

(7)写字生は、「耀輝」(ゾハル)と書こうとして、途中で消して「浄い」(トハル)と書き直した。

(8)「天蓋」または「蒼穹」。安息歌一二26-27(4Q405 二三 i 6-7)、出二四10、エゼ一22、エチ・エノク一四10-11、黙四6参照。

(9)「挙げる」は前行の「挙げる柱たち」の「挙げる」と同じ単語(*msʾ*)。ここでは霊たちの賛美の声が、天の神殿を支え、持ち上げていると考えられている。前注(5)参照。詩二二4では、神がイスラエルの賛歌に座すると言われている。

(10) DJD XI(269)は、この欠損部分を「[かれを賛美せよ]」と復元する。

(11)代下三6-7参照。

(12)あるいは「[その]型のできばえに」。「型」(*tabnît*)については、出二五9、申四16-18、ヨシ二二28、エゼ八3、代上二八11、18、戦い1QM X 14参照。

(13)この一文は前後とのつながりが不明。

(14)神業4Q392 一5参照。

(15) 21行までと23行以下との繋がりが不明なために挿入された空白の行。21行と23行との間には、二―三行の文章があったと推測される。

(16)安息歌九12(4Q405 一四―一3/11Q17 IV 六―八10)、15(4Q405 一四―一五6)、安息歌一一13(4Q405 一九5)、安息歌一三18(4Q405 二三 ii 7)、戦い1QM V 6, 9, 14, VII 11参照。

(17)「足台」は聖書によく用いられる表現。イザ六六1、詩九九5、一三二7、哀二1、代上二八2、ベラ4Q286 一 ii 1参照。以下では『エゼキエル書』の玉車ケルビムに乗った神の栄光を思わせる表現が用いられているので、ここでは玉座にいる神の栄光が主題である。

王国の頭たちの栄光の型の形姿①［…………］[27]かれの栄光。そして彼らの回転②すべてにおいて、［……］の諸々の門③［…………］[28]［……］の進む④［…………］神的なる者たちの頭に⑤［…………］[29]彼らの間から、神的なる者たちは炭［火］の形姿のように走り⑥［…………］[30]周りを行き来し⑦、聖の聖なる霊たちは［…………］[31]聖の聖［……］、神的なる者たちの霊たち、世［々の］形姿［…………］[32]そして神的なる者たちの霊たち、その周り⑧の火の炎の諸々のかたち⑨［…………］[33]不思議な霊たち［……］。そして高みの頂⑩の幕屋⑪、かれの支配の栄光、［……］至聖所⑫［…………］[34]そしてかれは高みの七つの聖なる（場所⑬）を聖別する。そして祝福の声⑭がかれの至聖所の頭たちから（出る）［…………］[35]そしてその祝福の声は⑮、神的なる者たちと［……］の諸会合が聞くことで⑯栄えあるものとされる。［…………］[36]その祝福［…………］⑰。そして至聖所の諸々の工夫（を凝らした品々⑱）すべては、至聖［所］の中の不思議な諸々の讃美を急ぐ［…………］[37]不思議な［……］、至聖所から至聖所に⑲聖なる諸々の群勢⑳の声で［……］。そしてそれらの工夫（を凝らした品々㉑）すべては［…………］

（1）エゼ一28「ヤハウェの栄光の形象」、および安息歌二18（4Q401 一四 i 6）「諸々の統治の頭たち」参照。『エゼキエル書』では、「ヤハウェの栄光」がケルビムに乗ってあちこち移動する様が描かれているが、安息歌では可視化される場合は天使たちの栄光として言及される。安息歌一一25-26（4Q405 二三 4-5）参照。

（2）「彼ら（天使たち）の回転」（*mhpkyhm*）、あるいは「それら（門）の回転」。「回転」と訳した語は、聖書では「転覆、滅亡」の意味で用いられるが、同語根の動詞が創三24でここと似たような意味で用いられている。

（3）「門」は、エゼ一〇19、四三1-5で玉車と共に言及されている（同八3-4も参照）。

（4）「進む」（直訳「行く、歩く」の不定詞）は、エゼ一章で頻繁に用いられている。

（5）テキストは *dwš* だが、*rwš* の書き間違いと見なす底本に従う。

（6）エゼ一13-14、一〇2、偽エゼ4Q385六12参照。

（7）エゼ一13、安息歌一二6-7（4Q405二二11-12）参照。

（8）「その」が指す単語は不明であるが、事柄としては神の栄光の乗る玉車を指している。

（9）「かたち」と訳した *dbny* は、安息歌ではおよそ十六回現れるが、それ以外では戦い1QM V 9（および *ʾbdny* という形で1QM V 6）にのみ現れる。「姿、形、型」といった意味の単語と思われる。安息歌九11-16（4Q405一四―一五i 1-8）、一一10-16（4Q405一九1-8）参照。

（10）「高みの頂」とは最も高いの意。あるいは「高みの頭」と訳して神ないし高位の天使の意に取ることも可能。

（11）安息歌一二2（4Q405二〇ii―二二7）参照。天の「幕屋」については、ヘブ八2、5、九11、黙一三6、一五5参照。

（12）DJD XI（285）は、この欠損部分の一部を、「［かれの聖なる］至聖所」と復元することを提案する。

（13）安息歌八4（4Q403一ii21）参照。

（14）安息歌一二7（4Q405二二12）、27（4Q405二三i 7）参照。

（15）この後、「聞かれる」（*nšmʿ*）という語が書かれた後で消されている。

（16）「聞くこと」（*mšmʿ*）、会衆1QSa I 11参照。

（17）DJD XI（285）はこの欠損部分の一部を、「その祝福［の声］」と復元することを提案する。

（18）「諸々の工夫（を凝らした品々）」（*mḥšby*）は至聖所にある備品や装飾品のことを指すと思われる。出三一4参照。

『パウロの黙示録』四四「わたしはまた、祭壇と垂れ幕と玉座とを見た。すべては喜ばしげであった」（佐竹明訳）も参照。

（19）複数の至聖所が考えられているようである（第34行参照）。後注（21）参照。

（20）「諸々の群勢」（ハモンの複数形）、または「大声、轟き」。安息歌一二3、7（4Q405二〇ii―二二8、12）、エゼ三二20、ヨエ四14参照。

（21）「工夫（を凝らした品々）」は至聖所の調度品や装飾を指す（出三一4参照）。「それらの」（複数形）はおそらく複数の至聖所を指す（前注（19）参照）。

38そして一緒に讃えよ、かれの至聖所の玉車たち(1)よ、そして不思議をもって祝福せよ、それらの(2)ケルビム(3)とそれ[ら]のオファニム(4)よ、[…………]39神の型の頭たち(5)[……]。

そして彼らは聖なる至聖所でかれを讃える。（余白(6)）

安息日供犠の歌八（校訂版）

（11Q17 II 三4-7［1-4行］、4Q405 八—九1-7［1-5行］、4Q403 一ii18-48［1-23、28-31行］、4Q405 一一1-6［9-13行］、4Q405 一二1-5［15-19行］、11Q17 III 四—五2-13［21-28行］、4Q405 六四＋六七1-4［22-24行］、4Q405 一三1-7［33-39行(7)］）


1賢者に。［第二の月の第二十］三日である第八の安息日の全焼の供犠の歌。

讃えよ、［……］すべての神を(8)、世々の［……］聖なる者たちすべてよ(9)、2内堂の祭司たち(10)の第二の者(11)、七つの［…(12)…］の中の不思議なすまい(13)にいる第二の評議会(14)、［……］世々（の事物）を知る者たち(15)すべての中で［…………］

（1）「玉車たち」と訳した語は、メルカバーの複数形。「戦車」と訳されることが多いが、原義は「乗り物」。ここでは神の乗り物であること、戦いのイメージがないことからこのように訳した。安息歌一一10（11Q17 VI 3）、24-26（4Q405 二〇ii—二二3-5／11Q17 VII 5）、一二3（4Q405 二〇ii—二二8）、6（4Q405 二〇ii—二二11）、一三31（11Q17 X 7）参照。代上二八18、イザ六六15、エレ四13、ハバ三8、ゼカ六1-3、詩六八18、ベン・シラ四九8（B）、ベラ4Q286 一ii2、偽エゼ4Q385 六6、『ヘブライ語エノク書』二四、『マアセー・メルカバー』五五四—五五五、五八五、『マセヘット・ヘーハロート』一二2、一五1、一七1参照。

（2）「それら」は玉車たちを指す。次のオファニムにつけられた「それら」も同じ。

(3)「ケルビム」(「ケルブ」の複数形)は、スフィンクス(頭部は人間、体は有翼のライオン)の姿をした天的存在。神の玉座であり(サム上四4、サム下二二11/詩一八11、八〇2)、またエデンの園の番人(創三24)でもある。幕屋および神殿の装飾の一部でもあった(出二五18-22、二六31-33、王上六24-29、代上二八18、代下三7、10-14、神殿11QT[a] VII 10-12)。エゼ一章でエゼキエルの見た「生き物」はエゼ一〇章で「ケルビム」と同定されている。

(4)オファニムは「車輪」の複数形。エゼ一15-21、三13、一〇9-10、偽エゼ4Q385六10-11を見よ。王上七30-33も参照。安息歌ではオファニムは天使的な存在と見なされている。安息歌一一24(4Q405二〇ii—二二3)、一二4(4Q405二〇ii—二二9)参照。エチ・エノク七一7、スラブ・エノク二〇1、二九3も参照。

(5)「型」については、一三一頁の注(12)参照。ここで「神の型」はおそらく聖所のこと。「神の型(聖所)の頭たち」については、本歌第34行参照。

(6)安息歌4Q403一ii17は空白の一行となっており、安息歌第七の終わりと第八の初めを区別している。

(7)安息歌4Q405一〇1-3はおそらく第15-19行のテキスト(おおまかに4Q403一ii31-34に一致する)を保持しているが、その正確な位置づけは不明なので、この校訂版には含まれていない。4Q404一一1-4、4Q404一六1-4、4Q404二〇1-2(本訳一六二—一六三頁)、4Q405六六1-4、4Q405七四1-3(本訳一六六頁)、11Q17三〇1-6(本訳一六八頁)も本歌に属すると思われるが、校訂版には含まれていない。

(8)DJD XI(287)はこの欠損部分を、「[高き諸々の高み]すべての神を」と復元することを提案する。

(9)DJD XI(287)はこの欠損部分を、「世々の[世々たる]聖なる者たちすべてよ」と復元することを提案する。

(10)安息歌一4および一一一頁の注(9)参照。

(11)安息歌一62「副指導者たち」参照。安息歌八は「第二の指導者たち」ないし「副指導者たち」による賛美を扱っている。

(12)この欠損部にはおそらく「聖所」(安息歌七34)ないしその同義語(本歌第4、5行)、あるいは「評議会」(本歌第5行)があったと思われる。

(13)4Q405八—九3と11Q17 II三5は複数形、4Q403一ii19は単数形。下記第6行も複数形。

(14)一一三頁の注(10)参照。

(15)安息歌六45(4Q405三ii1/4Q403一i11)、52(4Q405三ii9)参照。天使たちが創造や終末の秘義についての知識を授かっているという考えは、黙示文学に見られる(エチ・エノク一七—一九、ヨベ一27、IVエズ三—四など。エフェ三10、Iペト一12も参照)。但し、その知識には限界があると考えられている(安息歌五17-18、IVエズ四52、マコ一三32)。

[3]そしてかれを賞揚せよ、指導者たちの頭たちよ、①かれの不思議な献げ物をもって。②
讃えよ、神的なる者たちの［王を］、③かれの高き内堂の七つの［祭司］職よ、④[4]かれの諸聖所の諸々の掟に応じた
七つの不思議な区域、⑤［……］王のための⑥不思議な諸々の［祭司］職の指導者たちの［頭］たち、諸聖所［…………］
[5]聖なる七つの評議会のための不思議な聖所における七つの祭司［職…………］[6]司、⑦不思議な諸々のすまいにい
る王の御使いたち。そして七つの［……］のための彼らの分別の知識［…………］[7]内堂の祭司の頭［…………］。
そして集団の中の王の集会の頭たち⑧［…………］[8]栄光の王のための賞揚の諸々の賛美と［……の神］の偉大さ
［…………］[9]神々の神、浄さの王に［…………］。そして彼らの舌の捧げ物⑨［…………］[10]聖の聖の七つの区
域の不思議な秘義における七つの知識の秘義⑩［…………］
［そして第一の者の舌は、彼にとって第二の者の舌によって七倍強くなる。そして］彼の第二の者の［舌］は、
[11]彼にとって第三の者より⑪七倍強くなる。［そして］第三の者の舌は、［彼にとって第四の者より］七倍強くなる。
［そして第］四の者［の舌］は、彼にとって第五の者の舌によって七倍強くなる。そして第五の者の舌は、[12]彼にと
って第六の者の［舌によって七倍］強くなる。そして第六の者の舌は、彼にとって第［七］の者の舌によって七倍強
く［なる］。そして第七の者の舌によって⑫［……強くなる。⑬……］
聖なる聖所［……］[13]そして［……の］七つずつの［言葉］に従って［…………］[14]不思議［な諸々の］言葉による
不思議な諸々の讃美をもって［…………］[15]不思議［……］。（余白）
［第一の］舌による祝福の［讃美…………］[16]不思議［……］そして［……の］神々すべての主の讃歌［…………
…］[17]偉大な讃歌のためのかれの不思議の頭［…………］そして彼は偉大な者とする［…………］[18]光の神々すべ
ての中に知識を光らせる者たち［…………］[19]第四の舌［による］諸々の賛美［の讃美…………］[20]不思議［……］。
［第五の舌による諸々の感謝の讃美…………］[21]［諸々の］感謝［…………］[22]［…………の讃］美［…………

かれの不思］議［……］力強いほめ歌［…………］[23]［……王］を祝福するその諸々の［不思議…………］不思議［な］七つのほめ歌をもって［……］七つの祝［福］の讃美［…………］[24]［…………］七つの偉大［な］讃美［………］称［揚］の讃美［…………］七つの［……の讃美……］[25]［…………］その諸々の［不思議…………］七度七つの［……］をもって［…………］[26]［…………神々］すべて［…………す］まいの中の内堂［…………］[27]［…………］不思議［…………］祝福するため［…………不］思議［……そして……すべ］てを彼は祝福する［…………］[28]［…………の諸々の］すまい［…………］[29]［…………七つの……］をもって［…………］

（1）安息歌六に頻繁に出てくる「頭たる指導者たち」の言い換えか、あるいは「頭たる指導者たち」と「副指導者たち」を高位の天使として一緒に指しているのかもしれない。

（2）安息歌七11および一二九頁の注（18）参照。

（3）「［王を］」という復元は、安息歌一28（4Q400一ii7）、二23（4Q400二5）、四5（4Q401一—二5）、一二33（4Q405二三i13）、4Q402三ii12（本訳一六〇頁）に基づく。

（4）「七つの祭司職」は、本歌第5行「七つの評議会」および安息歌七34「高みの七つの聖なる（場所）」と関係しているだろう。4Q405七7「祭司職の七つの至聖所」（本訳一六三頁）参照。

（5）安息歌八10および安息歌一13参照。

（6）「王」（*mlk*）、あるいは「メルキツェデク」（*mlk*［*y ṣdq*］）ないし「支配」（*mlk*［*wt*］）。

（7）「司」（*śar*）は、安息歌ではあまり使われないが、天使の称号の一つであろう。

（8）「王の集会の頭たち」（*rwšy ʿdt hmlk*）は、おそらく戦い1QM II 7の「集会の父祖たちの頭たち」（*rwšy ʾbwth ʿdh*）に対応する天上の存在。1QM III 4, 会衆1QSa I 16, 23–24, 25, 民三一26参照。

（9）「舌の捧げ物」、安息歌二25（4Q400二7）、一三23（4Q405二三ii12）および一一九頁の注（3）参照。

（10）共規1QS IV 6, 感謝詩1QH^{a} X 15参照。

（11）ここと次の文のみ、「舌によって」の代わりに「より」という前置詞一語になっている。おそらく意味は同じ。

（12）ここまでのパターンからすれば、ここの「舌」は主語となるはずだが、前置詞がつけられている。単なる書き間違いか、最後ゆえにパターンから外れているのかもしれない。

（13）第10行目の「第一の者の舌は」からここまでは、安息歌4Q403一ii27–29と4Q405一一2–5に基づき、そのパターン化された構造から復元されている。

30-31[……………]
32[……………](1)
33[……………](2) 34[…………そして彼は…………]神[々]すべてを、かれの栄光のあわれみのために、[七つ
の]よい[言葉をもって祝福する](3)。不思議な[副]指導[者たち]の[第五]の者は、35[…………の]名において、
浄さ[…………]、浄さの称揚の七つの言葉をもって祝福し、[そして]36かれの真実の[意思]《みこころ》を切望する者たち
すべてを、七つの[不思議な言]葉をもって祝福し、[……]かれに[…………]、かれの栄光の尊厳の七つの言葉
をもって[……](4)。37不思議な副[指導]者たちの第六の者は、[……の諸々の大]能の名において、世々の知識に
[洞]察力のある者たち[……]を、かれの不思議な大能の七つの言葉をもって祝福し、38[そして]道の完全な者た
ちすべてを、来たるべき世々すべてにわたる日ごとの捧[げ物として、不思議な……の七つの言葉をもって]祝福し、
[そしてかれを待ち]望む者たちすべてを、39[…………回]帰[のために]、七[つの不思議な言]葉をもって[祝
福する](5)。[そして不思議な]副指導者たち[の第七]の者は、[……の]名において、40[…………七つの言葉をも
って祝福する。]

安息日供犠の歌九（校訂版）

（11Q17 IV 六—八 3-10［4-12行］、4Q405 一四—一五 i 1-8［10-17行］）

1[賢者に。第二の月の第三十日である第九の安息日の全焼の供犠の歌。]
2[讃えよ、……の神、…………](6)

3 […………](7)
4 […………]神々の神[…………] 5 レン[ガ]細工[…………の諸々の入]口(8)の諸前廊[…………] 6 彼ら

（1）第32行は、続く4Q405 一三1-7の正確な位置が不明なため挿入された空白の一行。
（2）第33-40行（4Q405 一三1-7）は、安息歌六51-59（4Q403 一i17-23）とほぼ重なるが、安息歌六が「頭たる指導者」の賛美であるのに対し、ここでは「副指導者」の賛美とされている。
（3）DJD XI（329）はこの行を、「[そして彼はかれの真実の知識に近づく]神々すべてを、かれの栄光のあわれみのために、[七つの]よい[言葉をもって祝福する]」と復元する。安息歌六51参照。
（4）DJD XI（329）は第34-36行を、「不思議な[副]指導[者たち]の[第五]の者は、[かれの諸々の不思議の]名において、浄さ[の……の秘義を知る者たちすべてを]、浄さの称揚の七つの言葉をもって祝福し、[そして]かれの真実の[意思《みこころ》]を切望する者たちすべてを、七つの[不思議な言]葉をもって祝福し、[そして]かれに[感謝する者たちすべてを]、かれの栄光の尊厳の七つの言葉をもって[祝福する]」と復元する。安息歌六52-53参照。
（5）DJD XI（329）は第37-39行を、「不思議な副[指導]者たちの第六の者は、[神々の諸々の大]能の名において、世々の知識に[洞]察力のある者たち[すべて]を、かれの不思議な大能の七つの言葉をもって祝福し、[そして]道の完全な者たちすべてを、来たるべき世々すべてにわたる日ごとの捧[げ物として、不思議な……の七つの言葉をもって]祝福し、[そしてかれを待ち]望む者たちすべてを、[……かれの慈愛あるあわれみの回]帰[のために]、七[つの不思議な言]葉をもって[祝福する]」と復元する。安息歌六54-55参照。
（6）第1-2行の復元は、他の安息歌のパターンに従っている。
（7）残存する断片の正確な位置づけがわからないために挿入された空白の行。
（8）本歌13-14行、安息歌一二28-30（4Q405 一三i8-10）参照。

の栄光の〔レ〕ンガ①〔に…………〕レンガ〔…………天〕蓋②〔…………〕7不思議な③〔…………〕浄〔さ…………〕8〔諸々の賛〕美の尊厳をもって④〔…………〕に⑤〔…………〕諸々の〔賛美……〕9神的なる者たち〔…………〕諸々の賛美10〔…………栄〕光の〔霊⑥…………〕11〔…………〕不思議な姿、聖の聖なる霊⑦〔…………〕祝福の舌〔…………〕、そして〔……の〕⑧姿から12〔…………〕賞揚する者たち⑨の王のための祝福の声〔…………〕そして彼らの不思議な讃歌は、神々の神のために〔…………〕彼らの色とりどりの⑩〔……〕。

そして彼らは歓呼する13〔…………〕彼らの諸々の入口の諸前廊〔…………〕聖の聖たる内堂の霊たち〔…………〕世々の〔……〕

14〔そして〕生ける神的なる者たちの〔姿〕は、王の諸々の入口の諸前廊に彫り込まれている。⑪王〔……〕⑫光たちの霊の諸々のかたち、⑬栄光の〔光〕の諸々のかたち、15威光の霊たちのただ中〔の……〕霊たち、⑭不思議な色とりどりの細工、生ける神的なる者たちの諸々のかたち、栄光の諸至聖所〔……〕16王の諸至聖所における聖の聖〔たる聖所〕の建物、〔神〕的〔なる者たちの諸々の〕かたち、〔そして……の〕姿〔から……〕聖の聖17〔…………生〕ける〔…………〕

安息日供犠の歌十（校訂版）

（4Q405 一五ii―一六1‐8〔4‐11行〕、11Q17 V 九―一二3‐10〔6‐15行⑮〕）

1〔賢者に。第二の月の第七日である第十の安息日の全焼の供犠の歌。〕

2〔讃えよ、……の神を、…………⑯〕

（1）「栄光のレンガ［の周りに］」となっていた可能性がある。安息歌一14（4Q405 一九6）参照。
（2）または「（前廊の）天上」。「レンガ」「入口」「前廊」は、天の神殿の構築物を指している。王上六章および代下三—四章のソロモンの建てたエルサレム神殿の記述、エゼ四〇—四二章の新しいエルサレム神殿の記述を参照。
（3）DJD XXIII（275）は、この欠損部の一部を、「不思議な［形姿］」と復元する。
（4）安息歌七3（4Q403 一 i 32）、安息歌一三28-29（11Q17 X 二三—二五4-5）の「諸々の賛美の威光」参照。
（5）DJD XXIII（275）は、この欠損部分の一部を「［の］姿に」（*bdmw*［*t*］）と復元する。
（6）安息歌一三20（4Q405 二三 ii 9）参照。
（7）あるいは「聖の聖なる霊の不思議な姿」。
（8）この欠損部には何かしら神的存在を表現する語があったと考えられる。例えば、「神的なる者たち」。
（9）あるいは「高められた者たち」。
（10）安息歌七24（4Q403 一 ii 1）および一三一頁の注（16）参照。
（11）「彫り込まれている」は、*pth*［のプアル態現在分詞形。出三九6参照。一一二頁の注（4）および安息歌一一13-14（4Q405 一九5-6／11Q17 VI 一二—一五6-7）も参照。ソロモンの建てたエルサレム神殿の周囲の壁面および本堂の入口には、ケルビムとなつめ椰子と開いた花の浮彫りがあった（王上六29、35）。エゼキエルの描く新しいエルサレム神殿でも、出入り口の鴨居、壁面、戸にケルビムとなつめ椰子の細工が施される（エゼ四一15-26）。但し、安息歌ではケルビムの彫刻には触れられず、神の乗り物としてのみ言及される（安息歌七38参照）。
（12）欠損部は、「王［の諸宮殿／諸至聖所］における」、あるいは「王［の諸霊の中の］」と復元できるかもしれない。
（13）「かたち」。上記安息歌七32および一三三頁の注（9）参照。
（14）欠損部は、「［不思議な］霊たち」、あるいは「［尊厳の］霊たち」と復元できるかもしれない。但し、［……］霊たち」で一端文が切れて、「威光の霊たちのただ中［に］」から新しい文が始まると解することもできる（原文では、［……霊たち］が「ただ中に」の前に置かれている）。この場合、第15-16行は、「……のただ中［に］、不思議な色とりどりの細工……神的なる者たちの諸々のかたち（がある）。［そして……の］姿［から……］……」となる。
（15）4Q405 一七1-9（本訳一六四頁）も安息歌一〇に属する可能性があるが、この校訂版には含まれていない。
（16）第1-2行の復元は、他の安息歌のパターンに従っている。

[3]［…………］(1)
[4]縁の房(2)［…………］[5]そして火炎の諸々の河(3)［…………］[6]火の諸々の炎の形姿(4)［…………］王の至聖所の垂れ幕の飾り(5)［…………］[7]かれの御前《みまえ》の至聖所に［…………］色とりどりの(6)［…………］彫りつけられたもの(7)すべて［……］神的［なる者たち］の諸々のかたち［……］の細工［…………］[8]それらの両面(8)から栄光［…………］不思議な諸至聖所の垂れ幕たち(9)［…………］。

そしてそれらは(10)［……］すべての神を祝福する［…………］[9]それらの両面［……］それらは聞かせる［…………］至聖所の高貴な（場所）(11)の内側の不思議な［……］、［諸々の前］廊の［出］口[10]［…………］不思議な諸々のかたち［…………］それらは栄光の王に歓呼の声をもって［感］謝する［……］神的なる者たち(12)［…………］[11]［……］そして［……の］像［…………］すべて［…………］[12]［…………］それらは聞く(13)［…………］神々の神［…………］[13]［…………］世々の諸玉座［…………］[14]［…………］それらの諸々のかた［ち……の］ケルビム(14)［…………］[15]［…………］諸会合［…………］

安息日供犠の歌十一（校訂版）

（4Q405 二〇 i 1-4［4-7行］、4Q405 一九 1-8［9-16行］、11Q17 VI 二―一五 2-10［9-18行］、11Q17 VII 一六―一八 1-7［20-26行］、4Q405 二〇 ii―二二 1-5［22-26行］(15)）

[1]［賢者に。第三の月の第十四日である第十一の安息日の全焼の供犠の歌。］
[2]［讃えよ、……の神を、…………(16)］

3 [……………][17]
4 [……………] 義 5 [……………] 彼らの諸々の不思議 [……………] 6 [……………] 彼らの栄光 [……………]
7 [……………]
8 [……………][18]
9 [……………] 10 [……………] そして神的なる者たちの諸々のかたち、聖[の聖なる]霊たちは、かれを賛美する[19]

（1）残存する断片の正確な位置づけがわからないために挿入された空白の行。
（2）「緑の房」。戦い 1QM V 5, 8、申二二12、王上七17参照。
（3）*ʾwr* をウールと読んで「火炎」。オールと読めば「光」。「火の河」は、天の玉座の周りに流れるものとしてイメージされていた。ダニ七10、エチ・エノク一四19、一七5、七一6、安息歌一二5（4Q405 二〇 ii—二二10）参照。
（4）安息歌七32（4Q403 一 ii 9）参照。
（5）垂れ幕は至聖所と聖所の仕切りで、ケルビムの刺繍が施されていた。出二六31-33参照。
（6）安息歌七24（4Q403 一 ii 1）および一三一頁の注（16）参照。
（7）王上六35、エゼ八10、二三14参照。
（8）おそらく垂れ幕の両面のこと。バビロニア・タルムード『ヨーマ』七二bによると、エルサレム神殿の垂れ幕の両面には異なる刺繍が施されていた。前注（5）参照。
（9）ここの「垂れ幕」は複数形。第6行は単数形。
（10）あるいは「彼ら」。「それら」の場合は垂れ幕など至聖所の備品が擬人化されている。「彼ら」の場合は、天使たちを指す。以下の「それら」も同様。
（11）「高貴な（場所）」（*yqrh*）、あるいは「火元」（*yqdh*）。
（12）あるいは「神」。
（13）あるいは「聞かせる」のスペルミスかもしれない。
（14）一三五頁の注（3）参照。
（15）4Q405 一八1-6（本訳一六四頁）も安息歌十一に属する可能性があるが、校訂版には含まれていない。
（16）第1-2行の復元は、他の安息歌のパターンに従っている。
（17）残存する断片の正確な位置づけがわからないために挿入された空白の行。
（18）残存する断片の正確な位置づけがわからないために挿入された空白の行。
（19）あるいは「賛美せよ」。

［…………］玉車［…………］栄光の諸々のかたち、[11]不思議な諸至聖所の床《ゆか》(1)、世々《よよ》の神々の霊たち、すべての［…………］王の至聖所［…………］。

不思議な天蓋の霊［た］ちの業は、[12]［聖］の聖(2)の中の真実と義の知識の［霊］たち、生ける神的なる者たちの諸［像］、輝く(3)霊たちの諸像(4)と、浄く塩漬けにされている。(5)[13]それらの細［工］(6)すべては、不思議な聖［な］るモザイク(7)、色とりどりの［霊たち］、[14]彼らの［栄］光のレンガ(8)の周りに刻まれた(9)神的なる者たちの諸像の［か］たち、尊厳と威［光］のレ［ンガ］細工(10)の栄光の諸像（である）。生ける神的なる者たち、それらの細工すべて、[15]そしてそれらのかたちの諸像は、聖なる御使《みつか》いたち(11)（である）。

不思議な諸至［聖］所の下には、静かな静寂の声(12)（がある）。

神的なる者たちは、[16]［……］王［……］祝福し、［…………］すべてを常に［讃え］ている(13)［…………］神[17]［……………］の第二の［……］の中に［…………］[18]［…………］尊厳と威［光］の諸々の不思議［…………］

[19]［…………］(14)

[20]［…………］[21]［…………］かれの御前(15)に［…………］高みの上に、玉座(16)［…………］[22]［…………］彼らは立つとき、ぐずぐずすることは［な］い(17)。

［…………］内堂の祭司たちすべての諸至［聖所…………］[23]掟によって(18)、彼らは［……］の奉仕に尽力する(19)［…………］かれの栄光の諸至聖所の中のかれの支配の玉座のような座［…………彼らは］座らない(20)［……………］[24]かれの栄光の玉車たち［…………］聖なるケルビム(21)、［……］(22)至［聖所］の中の光(23)のオファニム(24)、神的なる［者たち］の霊たち［……］浄さ［……］[25]聖［……］、その隅(25)の細工［…………］諸王国［……］玉車た［ち］の栄光の諸座［……］知識の両翼［……］不思議な［大］能［…………］[26]真実と義、世［々…………］かれの栄光の玉車たち［……］。

(1)「床」と訳した *mdrs* の原義は「踏み場」。エゼ四三7「わが玉座の場所、わが足の置き場所」参照。

(2) ここの「[聖]の聖」は、おそらく至聖所のこと。

(3)「輝く」(*mʾyrym*)、あるいは「光体の」(*mʾwrym*)。

(4) 前の「神的なる者たち」(男性複数)に付けられた「諸像」は女性形複数、後の「霊たち」(女性複数)に付けられた「諸像」は男性形複数。

(5)「浄く塩漬けにされている」は直訳だが、意味としては浄い状態で混じり合っているということであろう(ベン・シラ四九1)。この表現自体は出三〇35に由来し、そこでは特別な香の作成が命じられているが、それは最も聖なるものとされる。ここでも最も聖なる状態にあることが表現されていると考えられる。同じ表現は、安息歌一二6(4Q405 二二11)と安息歌一三8(11Q17 IX 二一—二二7)、21(4Q405 二三ii10)でも用いられている。

(6) あるいは「彼らの業」。

(7) エチ・エノク一四10参照。

(8) 安息歌九6(11Q17 IV 六—八5)参照。

(9)「刻まれた」(*mhwqqy*)。一一二頁の注(4)、一四一頁の(11)参照。

(10) 安息歌九5(11Q17 IV 六—八4)参照。

(11) 安息歌一二4(4Q405 二〇ii—二二9)、28(同8)参照。

(12) 安息歌一二2(4Q405 二〇ii—二二8)、7-8(同12-13)、王上一九12参照。

(13)「祝福する」と「讃える」の組み合わせは、安息歌一二29(30)(4Q405 二三i9)にもある。

(14) 残存する断片の正確な位置づけがわからないために挿入された空白の行。

(15) 一一一頁の注(11)参照。

(16) あるいは「玉座の高みの上に」。「玉座」。王上二二19、イザ六1、エゼ一26、一〇1、エチ・エノク九4、一八8参照。

(17) あるいは「自分の立ち位置にぐずぐずすることはない」、あるいはこの部分を「ぐずぐずする」と切り離して、「ぐずぐずすることはない。彼らが止めるとき……」とも訳せる。「ぐずぐずする(ことはない)」という動詞については、詩一一九60、安息歌一二31(4Q405 二三i11)参照。

(18)「掟によって」は、前の欠損部とつながるかもしれない。

(19)「尽力する」(*ytklklw* = *kwl* のヒトパエル態)、ベン・シラ一二15、四三3、四九9参照。

(20) ラビの伝承によれば、天使たちは神の御前では座ることが許されていない(バビロニア・タルムード『ハギガ』一五a、『創世記ラッバー』六五21)。但し、黙四4では、二十四人の長老たちは玉座の周りに座っている。

(21) 一三五頁の注(3)参照。

(22) 欠損部は「かれの栄光の」と復元できる(DJD XXIII 287)。

(23) あるいは「火炎」。一四三頁の注(3)参照。

(24) 一三五頁の注(4)参照。

(25) 安息歌七12(4Q403 一i41)、王上七34参照。

彼らが進むとき(1)、彼らはいかなる［側］にも逸れる［ことな］く(2)［……］まっすぐ進む(3)［…………］

安息日供犠の歌十二（校訂版）

（11Q17 VII 一六―一八9-15［1-8行］、4Q405 二〇ii―二二6-14［1-9行］、11Q17 VIII 一九―二〇2-10［11-19行］、4Q405 二三 i 1-14［21-34行］）

[1]賢者に。第三の［月の第二十一日である］第十二の［安］息日の［全焼の供犠の］歌。
［讃えよ、……の神を、(4)］[2]不思議な副［指導者たち］よ。そして栄光に従ってかれを賞揚せよ。

知識［……］幕屋(5)において、［ケル］ビム(6)はかれの前に伏し、そして立ち上がるとき祝福する。(7)

神の静寂の声が(8)[3]［聞こえ］、彼らの翼が上がるとき(9)歓呼の轟きが(10)、神の［静寂］の声が(11)（ある）(12)。

ケルビムの天蓋(13)の上にある玉車(14)の座(15)の型(16)を彼らは祝福する。[4]［そして］かれの栄光の座の下にある光(17)の天蓋(18)の
［尊］厳を彼らは歓呼する。

そしてオファニム(19)が進むとき(20)、聖なる御使いたちが戻ってくる(21)。彼らは[5]かれの栄光の車輪(22)の間から出て行く(23)。

取り囲む聖の聖なる霊たちは、火の形姿のよう（であり）、琥珀の形象をした火の諸々の流れ(24)の形姿（をしている）(25)。

そして[6]色とりどりの栄光をもつ［光］輝の細工が(26)、不思議な色をして、浄く(27)塩漬けにされている(28)。

（1）エゼ一9、12、17、21、24、一〇11参照。
（2）エゼ一9、12、17、一〇11参照。
（3）エゼ一7、23参照。
（4）第1行の復元は、他の安息歌のパターンに従っている。

（5）安息歌七33（4Q403 一 ii 10）および一三三頁の注（11）参照。DJD XI（345）は、この欠損部分を「知識［の神の］幕屋」と復元する。
（6）安息歌七38（4Q403 一 ii 15）および一三五頁の注（3）参照。
（7）エゼ三12参照。
（8）エゼ一24、一〇5、王上一九11-12参照。安息歌一一15（4Q405 一九7）も参照。
（9）エゼ三12-13参照。
（10）一三三頁の注（20）参照。
（11）「［静寂］の声」は、第2行および第7行に基づく復元。第8行に基づいて、「［慶び］の声」または「［諸々の賛美］の声」と復元することも可能。
（12）エゼ三12-13では、ケルビムの翼の音は「大きな地震の声」とされるが、王上一九11-12では、神は地震の中にはおらず、「細い静寂の声」があったとされる。
（13）「天蓋」または「蒼穹」。安息歌七13（4Q403 一 i 42）および一三一頁の注（8）参照。
（14）「玉車」（メルカバー）。詩六八18、一〇四3、一三四頁の注（1）参照。
（15）「玉車の座」。エチ・エノク一四18、ダニ七9、『ヘブライ語エノク書』四六2、『アルコーンの本質』（NHC II 4）九五19-30、『この世界の起源について』（NHC II 5）一〇四31―一〇五12参照。
（16）エゼ一26、代上二八18、ベン・シラ四九8参照。安息歌七15（4Q403 一 i 44）、26（4Q403 一 ii 3）、39（同16）、および一三一頁の注（12）参照。
（17）あるいは「かれの栄光の座の下から」。
（18）出二四10、エゼ一22参照。
（19）一三五頁の注（4）参照。
（20）エゼ一17-21参照。
（21）「御使い」はエゼ一〇2、6、7の「亜麻布をまとう男」の解釈。「戻る」と「出る」はエゼ一14参照。エゼ一14のマソラ・テキストは「出る」ではなく「走る」だが、ウルガタは「出る」と訳している。安息歌は「走る」と「出る」の両方の読みを知っていた可能性がある。安息歌七29（4Q403 一 ii 6）参照。
（22）「車輪」（ガルガルの複数形）はオファニムの同義語。エゼ一〇2、6、13参照。
（23）「彼らは……の間から出て行く」（*yṣʾw mbyn*）。写本では「彼は出て行く。そして……の間から」（*yṣʾ wmbyn*）だが、底本に従って読み替える。
（24）安息歌一〇5（4Q405 一五 ii―一六2）および一四三頁の注（3）参照。
（25）第5行後半について、エゼ一27前半参照。
（26）エゼ一27後半参照。「色」への言及は、エゼ一28の「虹」の解釈。
（27）テキストは *twh* だが、底本に従って *twhr* と読む。
（28）安息歌一一12（4Q405 一九4）、一三21（4Q405 二三 ii 10）および一四五頁の注（5）参照。

生ける神的なる者たちの霊たちは、その不思議な玉車たちの栄光と共に、たえず行き来している。① [7]そして祝福の静寂の声が彼らが進む轟き②の中に（あり）③、聖なる讃歌④が彼らが道を戻るときに（ある）⑤。彼らが高められるときには不思議（な仕方で）高められ、住まうときには[8]彼らは［立ち止］まる⑥。

歓呼の慶賀の声は静まり⑦、そして神の祝福の静寂が神的なる者たちの諸陣営すべての中に（ある）。［そして諸々の］賛美の声が[9]［…………それらの］側にある［それ］らの諸々の組⑧すべての間から［…………そして］それらの配下の者たちすべては、それぞれ［その］立ち位置で歓呼する。

[10]［…………⑨］

[11]［…………］不思議な［……］知識と分別⑩［…………］不思［議］な諸々の天蓋⑪[12]［…………］光の光の中に、尊厳［…………］不思［議］な諸々の霊たちの型すべて[13]［…………］神的なる者たち、力（において）畏《おそ》るべき者たち⑫、すべて［…………世］々の神⑬の力における彼らの不思議な不思議⑭［…………］[14]そして［…………の］神⑮の諸々の大能を賞揚する［…………］不思議な天蓋の四つの基《もとい》⑯から[15]彼らは神的なる者たちの（賛美を）挙げる声⑰を聞か［せ］る。［…………］神々の神を祝福し、讃える[16]［…………］諸々の高み［…………］栄光の王⑱［…………］（賛美を）挙げる⑲ための不思議な諸々の基へ［…………］[17]［…………］の神の［…………］そしてそれらの支え⑳のすべて［…………］聖の聖[18]［…………］（賛美を）挙げることに㉑おいて［…………］それらの翼、賞［揚する…………］頭［……］[19]そして彼［ら］は呼ぶ［…………］諸々の立ち位置［…………］

[20]［…………㉒］

（1）エゼ一13参照。
（2）一三三頁の注（20）参照。
（3）エゼ一24参照。
（4）テキストは「そしてそれらは聖性を讃える」（*whllw*

qwdš）だが、底本に従って読み替える（*whll qwdš*）。

（5）「進む」と「戻る」は、第4行と対応し、オファニムの動きについての記述を囲い込んでいる。エゼ三13参照。

（6）この文はエゼ一〇17に基づく。但し、そこではケルビムと車輪について語られるが、ここでは「神的なる者たちの霊たち」が言及されている。「住まう」は詩六八17-20を暗示する。

（7）エゼ一24-25参照。

（8）「諸々の組」（デゲルの複数形）は、「連隊」ないし「旗（軍旗）」をも意味する。聖書ではほとんど軍事的な意味で用いられている（民二、一〇、日ごと祈 4Q503 参照）。ヘーハロート文学では天使の組に用いられている。『ヘブライ語エノク書』一九6、『創世記セデル・ラッバー』四〇、四三、『マセヘット・ヘーハロート』一五4参照。

（9）ここの一行はここまでの 405 二〇 ii—二二 6-14と以下に続くと想定される 11Q17 VIII 一九—二〇 2-10の正確な繋がりが不明なために設けられた再構成上の余白。

（10）「知識」と「分別」は、安息歌八6（4Q403 一 ii 23）、4Q405 一七3（本訳四九頁）、安息歌一三24（4Q405 二三 ii 13）にセットで現れる。

（11）本歌第3行「ケルビムの天蓋」参照。「天蓋」の複数形の用法は、本歌第26-27行、第十三歌32、およびエチ・エノク一四11参照。

（12）安息歌七13（4Q403 一 i 41-42）、本歌33（4Q405 二三 i 13）参照。これらの箇所で「畏るべき者」は神だが、ここでは「神的なる者たち」（天使）を指している。

（13）または「[世]々の神的なる者たち」。

（14）欠損部は、「不思議な不思議[を讃える]」と復元できるかもしれない。

（15）または「神的なる者たち」。

（16）本歌第3行「ケルビムの天蓋」とそれを支える四つのケルビムにかかわる「基」を指すだろう。

（17）あるいは「神の託宣の声」。「（賛美を）挙げる」と訳した *msˀ* は「託宣、宣告」とも「負担、仕事」とも訳せる。一三一頁の注（5）、（9）参照。

（18）安息歌六31および一二三頁の注（10）参照。

（19）前注（17）参照。

（20）「支え」（オシュ）は聖書ヘブライ語には現れない（聖書アラム語に用例がある。エズ四12、五16、六13）。死海文書では十四の用例がある（感謝詩 1QH[a] XI 14, 31, 36, XV 12, 祝福 1QSb III 20 など）。エチ・エノク一四10（＝エノク 4Q402 VI 27）参照。

（21）前注（17）参照。

（22）ここの一行はここまでの 11Q17 一九—二〇 2-10と、以下に続くと想定される 4Q405 二三 i 1-14の正確な繋がりが不明なために設けられた再構成上の余白。

[21]［…………彼ら］の諸々の仕事(1)［……………］[22]［……………］彼らが立つとき(2)［……………］[23]［……………］かれの支配の栄光の諸玉座、(3)そして［……］の従者たち(4)の集会すべて(5)[24]［…………］不思議な［……］。［……］の神的なる者たちは、世々に揺るがされない(6)[25]［…………］彼らがすべてについての諸々の仕事(7)を維［持する(8)ために……］なぜなら、かれの全焼の供物(9)の神的なる者たち(10)[26]［…………］かれの全焼の供物。

神的なる者たちは、彼らの立ち位置(11)［……］かれを讃える。(12)そして浄い諸々の天［蓋］(13)の霊［たち］すべては、[27]かれの栄光において慶《よろこ》ぶ。そしてその諸々の組織(14)すべてからの祝福の声がその(15)栄光の諸々の天蓋について告げ、その(16)諸々の門は歓呼の声で讃える。

[28]知識の神々(17)が栄光の諸々の扉(18)を通って入るとき、そして聖なる御使いたち(19)が彼らの統治へと(20)出て行くすべてのとき、[29]入る諸々の扉と出る諸々の門は王の栄光を聞かせ、[30]聖なる諸々の門を通って出るときと入るとき、（それらは）神の霊たちすべてを祝福し讃える。(21)

そしてそれらの中には掟を飛ばすものはおらず、(22)王の諸々のことばに[31]反対するものはいない。それらは道から（逸れて）走らず、またかれの区域から（離れて）ぐずぐずしていることはない。かれの諸々の使命ゆえに高めら

（1）あるいは「（賛美を）挙げること」ないし「託宣」。但し、ここでは複数形。一四九頁の注（17）および後注（7）参照。

（2）エゼ一21参照。

（3）安息歌一〇13（11Q17 V 8）「世々の諸玉座」、エレ一四21、一七12、エチ・エノク四七3、六〇2「栄光の玉座」、代上二三10、二八5、代下七18、エス一2、五1「支配の玉座」、申一七18、サム下七13、王上九5、ハガ二22「王国の玉座」。複数形の天の玉座について、ダニ七9、詩一一〇1参照。神以外の者の天の玉座について、Ⅰエノ四五3、五一3、五五4、六一8、六二5、六九29、アブ遺八5（短版）、一一4-10、一二4、一三2-3（長版）、『イサクの遺訓』二7、ヨブ遺三三3-7、四一5、イザ殉七14-35、イザ・ペ 4Q161 八—一〇20、『ヘブライ語エノク書』一〇、一六、マコ一四62、マタ一九28、二五31、コロ三1、ヘブ一3、8、八1、一〇

12、一二2、黙三21、四4、七17、二〇4、二二3参照。

（4）安息歌一4、8（4Q400一i4、8）参照。

（5）安息歌一4（4Q400一i4）、安息歌八7（4Q403一ii24）、戦い1QM I 10. 感謝詩1QH^{a} III 32参照。

（6）詩一五5、六二3、7、一一二6、感謝詩 1QH^{a} XIV 30, XV 10参照。

（7）または「（賛美を）挙げること」ないし「託宣」。一四九頁の注（17）参照。第24-25行は詩一二5-6との類似がある（同じ動詞が二つ用いられている）。それゆえここでは「諸々の仕事」と訳した。但し、彼らの「仕事」は「（賛美を）挙げること」である。

（8）「維持する」という動詞について、一一三頁の注（15）参照。

（9）「全焼の供物」（*kalil*）、申三三10、サム上七9、詩五一21参照。この語は「冠」とも訳せる（共規 1QS IV 7-8. 祝福 1QSb IV 2. 感謝詩 1QH^{a} XVII 25. 黙四4、アブ遺一三13［短版］、『ヘブライ語エノク書』一二3、一八3など参照）。天の祭儀について、黙五8、六9、八3-5、九13、一四18、ヘブ九11-14、『セデル・ラッバー・ディ・ベレーシート』三九、『バライタ・ディ・マアセー・ベレーシート』B321-324参照。

（10）天上で神殿祭儀を行う天使たちの意。安息歌一三参照。

（11）あるいは「彼らが立つとき」。

（12）あるいは「讃えよ」。

（13）安息歌七13（4Q403一i42）参照。

（14）「その諸々の組織」（*mflgyw*）は、区分された天使の諸グループあるいは天の神殿の諸区域を指す。「その」は神ないしは神殿全体を指す。

（15）神ないし神殿。

（16）神ないし神殿。

（17）安息歌一4および一一一頁の注（12）参照。

（18）地上の神殿の「扉」について、詩二四7、9参照。

（19）安息歌一一15（4Q405一九7）および一四五頁の注（11）参照。

（20）天使には宇宙万物や人間界の出来事を司る役割が与えられていると信じられていた。ヨベ二2、エチ・エノク六〇12-13、トビ三17、一二15、ダニ一〇13、戦い 1QM X 12. 感謝詩 1QH^{a} IX 13-14参照。

（21）扉と門による祝福について、詩二四7、9参照。第27行の「そして」からここまでの動詞はすべて、現在分詞形であり、賛美しているのは神殿を構成している物たちである。同様の賛美は安息歌七にもある。「入る」「出る」という表現は、エゼ四六1-10参照。

（22）「飛ばす」は、ラビ文献では聖書朗読の際に節を飛ばし読みしてしまうことを意味する。ヘーハロート文学には、天のコーラス隊の天使が音を外したりテンポをずらしたりすると、火の川に投げ込まれるという記述がある（*SH-L* §§186-187）。

れることなく、[32]低くなることもない。かれはかれの殲《せん》〔滅《めつ》の震《しん》〕怒《ぬ》の憤りの統治において慰めることはない（が）、かれの栄光の憤怒で戻ってきたものたち(1)を裁くこともない。

[33]神的なる者たちの王の畏れは、神的なる者たち〔すべ〕てにとって畏ろしい。かれの〔真〕実の基準においてかれの諸々の使命すべてへ〔……〕。そして彼らは行く[34]〔…………〕

安息日供犠の歌十三（校訂版）

（11Q17 IX 二一―二二3-9〔4-10行〕、4Q405 二三 ii 1-13〔12-24行〕、11Q17 X 二三―二五2-9〔26-33行(2)〕）

[1]〔賢者に。第三の月の第二十八日である第十三の安息日の全焼の供犠の歌。〕

[2]〔讃えよ、……の神、…………〕(3)

[3]〔…………〕(4)

[4]〔……〕意思《みこころ》に〔適う諸々の供え〕物(5)〔…………彼〕らの業すべて[5]〔……〕聖なる者たちの諸々の犠牲のために〔…………〕彼らの諸々の供え物の香り〔……〕[6]〔……〕そして彼らの諸々の灌奠《かんてん》(6)の香り〔…………〕聖霊をもって浄い〔……〕[7]〔……〕世々に、〔尊厳と〕威光をもって〔…………〕不思議な〔……〕そして〔……〕の諸々の胸当て(7)の型[8]〔……〕壮麗な諸々の〔撚《よ》〕り糸《いと》(8)〔……織物〕のように色とりどりの(9)〔…………〕浄く塩漬けにされている(10)〔……〕染められた(11)[9]〔……〕尊厳〔と〕威光〔…………〕諸々の形のために〔…………〕エフォド(12)[10]〔…………〕御使いたち〔…………〕かれの聖〔性……〕

[11]〔…………(13)〕

[12][……]の諸々の彫り物の壮麗さ(14)[…………][13]彼らが[……の]前に仕えるとき、彼らは王に近づき(15)[…………
…][14]王、そしてかれはかれの栄光を刻み込んだ(16)[…………][15]聖なる[…………]すべての聖所(17)[…………]
[16]彼らの諸々のエフォド(18)、彼[ら]は広げる[…………][17]聖なる者たち、意思《みこころ》[…………]聖[なる者たち]の霊
たち[…………][18]彼らの諸々の聖なる(場所(19))[……]。(余白)

---

(1)「戻る」は「立ち帰る」と同語根。安息歌一16参照。
(2)4Q405 九四1-2も安息歌一三に属していた可能性があるが、校訂版には含まれていない。
(3)第1-2行の復元は、他の安息歌のパターンに従っている。
(4)第3行は11Q17 IX 二一—二三3-9の正確な位置が不明なために設けられた再構成上の余白。
(5)共規 1QS IX 5, ダマ CD XI 21 参照。
(6)「灌奠」は飲物の供物のこと。
(7)「胸当て」は大祭司の祭服(出二八、三九)。ここで複数形なのは、天使たちの七つの評議会それぞれが祭司職を持ち、七人の祭司長の一人が大祭司の役を果たすと考えられているからであろう。安息歌八3-5および一三七頁の注(4)参照。
(8)「撚り糸」は出二八、三九で「胸当て」との関係で言及される。
(9)安息歌七24(4Q403 一 ii 1)および一三一頁の注(16)参照。
(10)一四五頁の注(5)参照。
(11)安息歌一三19(4Q405 二三 ii 9)参照。
(12)大祭司の装飾の一部(出二八6-14、三九2-7)。
(13)第11行は11Q17 IX 二一—二三3-9と、続く4Q405 二三 ii 1-13との正確な繋がりが不明なために設けられた再構成上の余白。
(14)聖書で「彫り物」は、エフォドにつけられる彫刻された石として言及される(出二八11、21、36、三九6、14、30)。
(15)天上の祭司たちが神の御前に仕えること。安息歌一8参照(ここで「近づく」(カレブ)と訳した動詞は、安息歌一8の「内堂」(コレブ)と訳した名詞と同じ綴りの語根に由来)。一一一頁の注(9)も参照。
(16)「刻み込む」について、安息歌一5および一一二頁の注(4)参照。ここで刻まれているのは、エフォドにつけられる石か(前注(14))、ターバンにつけられる徽章であろう(出二八36-38)。
(17)あるいは「……のすべてを聖別する者」。
(18)エフォドは複数形。前注(7)参照。
(19)安息歌一14参照。

彼らの不思議な立ち位置には、織物[1]のように色とりどりの（衣をまとった）霊たちが（いて）、威光の諸々の形で彫られている。[19]緋色の形姿の栄光のただ中で、（それらは）聖の聖なる霊の火[2]で染められ[3]、彼らは王の前で彼らの聖なる立ち位置を固守し、[20]霊たちは白色の形姿のただ中で［浄く］染められている[4]。そして栄光の霊の姿[5]は［光］に輝くオフィル[6]の細工のよう（である）。[21]そしてそれらの工夫（を凝らした品々）[7]すべては浄く塩漬けにされ[8]、織物のように工夫されている[9]。これらは、奉仕のために不思議な装いをした者たちの頭たち、[22]諸王国の諸王国[10]の頭たち、聖なる王のための聖者たちであり、（彼らは）かれの栄光の支配の諸聖所の諸々の高みすべての中に（いる）[11]。（余白）

[23]諸々の捧げ物の頭たち[12]の中には知識の諸々の舌があり[13]、［そして］それらはかれの栄光の業すべてにおいて知識の神を祝福する。[24]［そして］聖な［る……］すべてにおける彼らの諸配置[14]の諸々の［掟[15]……］かれの分別の知識とかれの［栄］光の洞察に［……[16]］

[25]［…………[17]］

[26]［……かれの栄］光の諸々の高み［…………］かれの栄［光…………］[27]かれの諸々の報［酬、……の］諸々の裁きにおいて［…………］尊きかれのあわれみ［…………］かれの諸々の［証］し[18][28]［とかれの］平和[19]の祝福すべて［…………］かれの諸々の業の［栄］光と［……の］光の中の［…………］そして[29]［…………の諸々の天］蓋

（1）「織物」は、聖書ではエフォドの外衣に関して用いられる（出二八32、三九22、27）。但し、聖書では「外衣」は青い糸だけで織られるのに対し、ここでは「色とりどり」のものとされている。

（2）「火」（ʾūr）あるいは「光」（ʾôr）。

（3）「染められている」は、「染められた衣」（複数形）を指す。士五30参照。

（4）19-20行前半は、「緋色の……ただ中で」ではじまり、「白色の形姿のただ中で」で終わる長い一文。「緋色」と「白色」は、おそらく火と光で天使たちの姿を示そうとしている。

(5) エゼ一28「ヤハウェの栄光の姿」参照。
(6)「オフィル」(ここでは複数形)は、金の産地として知られ(王上九28、イザ一三12、詩四五10、ヨブ二八16、代上二九4)、ヨブ三一24では「金」の代用語として用いられている。感謝詩 1QH[a] XXVI 8(= 4Q427 七 i 12)、戦い 4Q491 一一 i 18参照。ここで複数形なのは、おそらく卓越さを表現している。黙一五5–8、『アルコーンの本質』(NHC II 4)九三14–15も参照。
(7) 安息歌七37(4Q403 一 ii 13)参照。
(8) 安息歌一一12および一四五頁の注(5)参照。
(9)「工夫されている」(*ḥēšeb*)は文頭の「工夫(を凝らした品々)」と同語根。聖書ではエフォドの「付け帯」を指す(出二八8、27、28、三九5、20、21、レビ八7)が、ここでは帯に限定されないので、動詞的に訳出した。ここに描かれている天上の祭司たちの描写は、安息歌一二6の「生ける神的なる者たちの霊たち」とよく似ている。
(10)「諸王国」の繰り返しは単なる重複誤写か、あるいは強調(「すべての諸王国」ないし「最も高き諸王国」などの意)。
(11)「頭たち」と「聖者たち」が同格で並び、その場所を「…中に〔いる〕」が示す一文。「かれの……中に〔いる〕」は、「すべての中に」「諸々の高み」「諸聖所」「支配」「かれの栄光」という単語が連語形(属格)で並べられている。文意は、神の栄光が支配する高みにある諸聖所すべての中に、これら技巧を凝らした外衣を着た祭司的天使がいるということ。
(12)「諸々の賛美の頭たち」(安息歌七2[4Q403 一 i 31])を参照。「捧げ物」という単語は安息歌では「舌」と共に用いられる。安息歌二25(4Q400 二7)、八9(4Q403 一 ii 26)および一一九頁の注(3)参照。
(13)「知識」と賛美の関係づけは、安息歌二21(4Q400 二3)にも見られる。
(14)「彼らの諸配置」(*msrwtm*)。戦い 1QM III 3, 13, 共規 1QS X 4, エノク 4Q204 一 i 19(エチ・エノク二1)、天文 4Q209 二八 2(エチ・エノク八二10)参照。ここではエチ・エノク八二10の用法が近い。
(15) 安息歌一5、15参照。
(16) DJD XI (366)は「[そして]聖な[る諸々の至聖所]すべてにおける彼らの諸配置の諸々の[掟]を、かれの分別の知識とかれの[栄]光の洞察によって[かれは刻み込んだ]」という復元の可能性を指摘する。
(17) 第25行は 4Q405 二三 ii 1–13と、続く 11Q17 X 二三—二五 2–9との正確な繋がりが不明なために設けられた再構成上の余白。
(18)「諸々の証し」([*te*]*ʿûdôtaw*)、安息歌六60(4Q403 一 i 27 + 4Q404 二 9)参照。あるいは「諸々の定めの時節」、安息歌五16(Mas1k I 3)参照。
(19) 安息歌六59(4Q403 一 i 26)「世々の平和」参照。但し、「[かれの諸々の]報酬」(前行参照)と復元することも可能。

すべてにおけるかれの諸々の賛美の威光の中に⑴［…………］光と闇、そして［……］のかたち［…………］[30]［かれの］真実の諸々の業すべてのために栄光の王の聖性［…………］すべてにおける知識の御使いたちのために［………］[31]かれの栄光の諸玉座と［かれの足］台のために聖なる（賛美を）挙げること⑵［……］かれの威光の［玉］車たち、そして［かれの聖］なる諸至聖所のために［………］そして入る諸々の扉のために[32]［……］出るすべてと共に⑶［………］その建物の［隅⑷……］そして［諸々の住ま］い⑸すべてのために［………そして］かれの栄光の諸々の宮殿⑹のために、そして［……］の諸々の天蓋のために、[33]［……］すべてのために［………］

校訂版に含まれていない諸断片

4Q401 断片三⑺

[1]［…………］諸々の息⑻［…………］[2]［…………］彼らの［…………］の頭《かしら》において［…………］[3]［…………］指導者［たち］のために七倍［強く］なる⑼［…………］[4]［…………］彼の第二の者［……］強くなる［…………］[5]［…………第］五の者［…………］[6]［…………］

4Q401 断片五⑽

[1]［…………］[2]［…………］[3]七［度七］つの［…………］[4]［神々］の評議会において［…………］[5]［諸］王国

すべて［…………］6諸［々］の定めの時節(11)において［…………］7王［…………］

4Q401 断片六

1［…………］2［…………］七3［…………］栄光4［…………］聖なる司《つかさ》たち(12)5［…………聖］の聖6［……
……］かれの栄光

4Q401 断片九

1［…………］諸々の不思議［…………］2［…………そ］れらの七倍［…………］3［…………］定めの時期
［…………］4［…………］

4Q401 断片一一

1［…………］祭司［たち…………］2［…………］知識の神(13)、そして［…………］3［…………メルキ］ツェ

（1）安息歌七3参照。
（2）あるいは「聖なる託宣」。一四九頁の注（17）参照。
（3）安息歌一二28-30参照。
（4）安息歌七12参照。
（5）安息歌七12参照。
（6）安息歌一13および一一三頁の注（12）参照。
（7）本断片は安息歌六に属する可能性がある。
（8）イザ五七16参照。
（9）安息歌八10-12参照。
（10）本断片は安息歌一に属する可能性がある。
（11）安息歌五16参照。
（12）一一三頁の注（11）参照。
（13）一一九頁の注（4）参照。

デク、[1]［神の］集会[2]における祭司［……………］4［……………］（余白）［……………］5［……………］（余白）［……
……］

4Q401 断片一二

1［…………聖］の聖において［……………］2［……………］七つの［……世］々の諸々の掟において［……
…］3［…………の］前に聖の［聖……………］

4Q401 断片一三

1［…………すべ］ての王［……………］2［……………］第二の七つは［……］を七度讃える［……………］3［……
……］頭の祭司たちの［第］三の者は祝福［する…………］

4Q401 断片一六[3]

1［…………神］々［の神。彼らは］賞揚す［る］2［…………彼］らは静寂[4]において聞かせる3［……………］内堂
の聖なる者たち[5]4［……………］かれの［栄光］。誰がこれらを悟れようか。[6]5［……………］かれを讃えよ、聖性（を
もって）6［……………］

4Q401 断片一七

1［…………］2［…………世］々［……………］3［…………聖］の［……………］4［……………］隠さ［れた
事々[7]］の分別を知［る］者たち［……………］5［……………］かれは彼らをかれ自身のために［……に］近づくよう

据えた(8)［……………］[6]［……………］そして［……］の秘義［……………］

4Q401 断片二二

[1]［…………］の聖なる者たち［……………］[2]［……………］彼らは彼らの手を満たす(9)［……………］[3]［……
…］キツェデク(10)［………］

4Q401 断片二三

[1]［…………聖］なる指導者(11)［……………］[2]［……………］諸々の高み［……………］[3]［……………］世々に［……
……］

（1）メルツェ 11Q13 II 10 と詩八二1を比較せよ。一三七頁の注（6）も参照。
（2）一一二頁の注（1）参照。
（3）本断片は一部 4Q402 断片九2-5と重複する。
（4）一四五頁の注（12）参照。
（5）一一一頁の注（9）参照。
（6）詩一九13、九〇11、一〇六2、共規 1QS XI 22、外典詩 4Q381 三一5参照。
（7）安息歌二40（4Q401 一四ii7）参照。
（8）第5行は安息歌一によく似ているので、同歌に属していた可能性がある。一〇九頁の注（2）参照。
（9）「手を満たす」は祭司叙任の儀式を意味する。出二八41、二九33、35、レビ八33、士一七35、モセ昇一〇2参照。
（10）［メル］キツェデクと復元が可能。4Q401 一一3（本訳一五七―一五八頁）参照。但し、他の復元可能性もある。
（11）「指導者」（ナスィー）が単数形で用いられるのは安息歌ではここのみ。おそらく天上の大祭司（メルキツェデク？）と関係する。4Q401 一一3（本訳一五七―一五八頁）の「祭司」（単数形）および 4Q401 二二3（本訳一五八頁）参照。

4Q402 断片一(1)

[1]［……入］るとき［……］[2]［……］彼らが［……の］神と共に来るとき[3]［……］一緒に、あなたの定めの時節すべてのために[4]［……］強い勇士たちの(2)ための彼らの［大］能[5]［……］背きの諸集会すべてに(3)[6]［……］彼らの［……］[7]［……］

4Q402 断片二(4)

[1]不［思］議な［……］(5)、そして［……］[2]［不］思議［……］(6)[3]色［とりどり］の細工(7)［のような……］(8)
[4]王の至聖所の中に［……］[5]［……］

4Q402 断片三 i(9)

[1]［……］[2]［……］神的なる者たち[3]［……］栄光[4]［……］神的なる者たち[5]［……］
諸々のかたち[6]［……］神的なる者たち[7]［……］[8-13]［……］

4Q402 断片三 ii

[1-4]［……］[5]かれは裁くだろう［……］[6]なしに［……］[7]光と悟［り……］[8]取り除く者［……］[9]高み、そしてかれは分け［る(10)……］[10]かれの大能［……］[11]神的なる者たち［……］
[12]神的なる者たちの王に［……］[13]［そしてかれの］栄光の思慮(11)［……］

4Q402 断片六

1［…………］2［…………］3［…………の］神々は［維］持する⑿［…………］

4Q402 断片七

1［…………］2［…………］そして至聖［所］の中の光［…………］3［…………働］きかけている⒀［…………
…］4［…………不］思議［…………］

4Q402 断片八

1［…………］2［…………］喚声を［上げ］る者たち⒁［…………］3［…………］大能［…………］4［…………

（1）本断片は安息歌四に属する可能性がある。
（2）安息歌六28および一二三頁の注（9）参照。
（3）または「背きの礎たちすべてに」、あるいは「背きを据える者たちすべてに」。
（4）本断片は安息歌五に属する可能性がある。また、次の断片三ｉ4－6と同じ欄の一部であった可能性もある。
（5）断片三ｉ4と接合すれば、「不思議な神的なる者たち」となる。
（6）断片三ｉ5と接合すれば、「不思議な諸々のかたち［…………］」となる。
（7）安息歌九15、一二6および一三一頁の注（16）参照。
（8）断片三ｉ6と接合すれば、「色［とりどり］の細工［のような］神的なる者たち…………］」となる。
（9）本断片は安息歌五に属する可能性がある。
（10）安息歌五5参照。
（11）安息歌五18参照。
（12）一一三頁の注（15）参照。
（13）「働きかけている」（［*m*］*rḥfwt*）、創一2参照。あるいは「純だ」（*wḥfwt*）、ヨブ三三9参照。
（14）「喚声」（または「鬨」）は戦い1QMによく現れる。エゼ二一27も参照。

……〕彼らは来る〔…………〕 5 〔…………〕栄光（？）(1)〔…………〕

4Q402 断片九(2)

1 〔…………〕 2 〔…………神〕々の神。〔彼らは賞揚する…………〕 3 〔…………彼〕らは静〔寂〕において聞かせる〔…………〕 4 〔…………内〕堂の〔聖な〕る者たち〔…………〕 5 〔…………〕かれの〔栄光。〕誰〔がこれらを悟れようか…………〕

4Q403 断片二

1 〔…………聖の〕聖〔…………〕 2 〔…………諸々の高き高〕みの呼ばれた者たち(3)〔…………〕 3 〔……
…〕そして不思議な諸々の讃美(4)〔…………〕 4 〔…………〕における聖性〔…………〕 5 〔…………〕

4Q403 断片三

1 〔…………〕賞揚する者たちの王(5)〔…………〕 2 〔…………〕聖の聖〔…………〕 3 〔…………〕

4Q404 断片一一

1 〔…………〕七つの〔…………〕 2 〔…………〕七つの〔…………〕 3 〔…………〕栄光のために〔……
…〕 4 〔…………〕知識〔…………〕

4Q404 断片一六

[1]［…………］[2]［…………祝］福［…………］[3]［…………］七［…………］[4]［…………］七［…………］

4Q404 断片二〇

[1]［…………］[2]［…………］諸々の感謝(6)［…………］

4Q405 断片七a－e(7)

[1]［…………］[2]［…………］聖の［聖…………］[3]［…………］七つの［……］をもって［……］支配［……
……］[4]［…………の］頭［たち……］立ち位置で［…………］[5]［…………］[6]［…………］周り［…………］
[7]［…………］祭司職の［七］つの至聖所［…………］[8]［…………］かれの祭司職［…………］[9]［…………］
[10]［…………］業［…………］[11]［…………］七［…………］[12]［…………］すべて［…………］

（1）底本は *hnbwd* を *hkbwd* の誤写と取るが、読みがはっきりしない。

（2）本断片は4Q401断片一六と重複する。

（3）安息歌六5参照。

（4）安息歌二22（4Q400二4）、七36（4Q403一ii13）、八14（4Q403一ii31）、4Q405一八5（本訳一六四頁）参照。

（5）安息歌九12参照。

（6）「感謝」（複数形）は、安息歌六および八の第五の天使の定型的な賛美のテーマである。安息歌六31‐32、八20参照。

（7）本断片は安息歌七の末尾だった可能性がある。一二七頁の注（13）参照。

4Q405 断片一七①

1［…………］2［…………］諸々の不思議［…………］3［…………］彼らの［……］知識と分別の霊たち②、真実4［…………］浄さ、栄光の御使いたちが［……］の大能をもって5［…………］諸々の［不思議］、壮麗の御使いたちと［……］の霊たち6［…………］聖なる諸至聖所の中に、［……］の諸々の座7［…………の］諸々の業8［…………］栄光9［…………］

4Q405 断片一八③

1［…………］霊たち［…………］2［…………］聖なる者たちを支えること④、至聖所［…………］3［…………］神的なる者た［ち］の静寂⑤の霊の中に聖な［る…………］4［…………］至聖所、彼らは栄［光］の声がすると急ぐ［…………］5［…………声］の静寂の中の不思議な諸々の讃［美⑥…………］6［…………］轟き［…………］

4Q405 断片二四

1［…………］不思議、支配［…………］2［…………］尊厳と威光の霊たち、［……の］頭［たち…………］3［…………］すべての王の栄光の支配［…………］4［…………］神の栄光［…………］

4Q405 断片二五

1［…………］2［…………］そして彼は［……］の霊たちにおいて歓呼する［…………］3［…………］彼らは行き来し［…………］

4Q405 断片三二

1［…………］そして七［…………］2［…………］高みの［…………］3［…………］捧げ物(7)［…………］

4Q405 断片三七

1［…………玉］車たち(8)［…………］2［…………彼］らの立ち位［置…………］

4Q405 断片四〇

1［…………］2［…………］彼らは上げる、そして［…………］3［…………］彼らの翼(9)［…………］4［…………］ない［…………］

（1）本断片は安息歌一〇に属する可能性がある。一四一頁の注（15）参照。
（2）安息歌七8（4Q403 一 i 37）および一二九頁の注（12）参照。
（3）本断片は安息歌一一に属する可能性がある。一四三頁の注（15）参照。
（4）一一三頁の注（15）参照。
（5）一四五頁の注（12）参照。
（6）一六三頁の注（4）参照。
（7）「捧げ物」はここのみ男性形（*trwm*）、通常は女性形（*trwmh*）。
（8）一三四頁の注（1）参照。
（9）ケルビムの翼。安息歌一二3参照。

4Q405 断片四一

1[……] 聖所[……] 2[……] の諸々の胸当て(1)[……] 3[……] 聖の聖[……
…]

4Q405 断片四四

1[……聖]なる[七]つの区域(2)[……] 2[……] 彼は上げ、そして[……] 3[……
神[……]

4Q405 断片四六

1[……] 栄光[……] 2[……] すべての籤《くじ》(3)における光たちの神的なる者たち(4)[……]
3[……] かれの栄光の下から(5)[……]

4Q405 断片七四

1[……] 七つの知識でもって[……] 2[……] かれは聖別し、そして知識[……] 3[…
……] 聖性[……]

4Q405 断片八一

1[……] 頭たち[……] 2[……住]まい(6)の御使いたち[……] 3[……] 挙げる(7)[…
……]

4Q407 断片一

[1]［……………］[2]［……………］彼らの諸々の聖なる（場所）(8) [3]［……………］聖なる御使いたち(9) [4]［……………］呼ばれた者［たち(10)……］[5]［……………］聖(11)でもって［……………］

11Q17 第I欄断片一—二(12)

[4]［……………］光［……………］[5]［……………その諸々］の厚板(13)［……………］その諸々の［厚板］、建物(14)［………］[6]［……………］聖な［る……………彼］らは諸々の讃美を［聞か］せる［……………］[7]［……………］神［………］の神に［……………］[8]［……………］そして七［……………］第二の［……………］[9]［……………］神［………］

（1）安息歌一三7および一五三頁の注（7）参照。
（2）安息歌八10参照。
（3）「籤」は安息歌ではここのみ。
（4）安息歌九14参照。
（5）安息歌一二4参照。
（6）安息歌七12参照。
（7）または「託宣」。一三一頁の注（5）、（9）、一四九頁の注（17）参照。
（8）安息歌一14、一三18参照。
（9）一四五頁の注（11）参照。
（10）安息歌六5および一二三頁の注（2）参照。
（11）テキストは*qwdʿ*だが、おそらく*qwdš*の誤写。
（12）本欄は安息歌七に属すると思われる。
（13）王上六9参照。
（14）安息歌七12–15参照。

11Q17 断片二八

1［…………］2［…………］3裁き［…………］4すべての歓呼でもって［…………］5かれの栄光、［……］の声［……］

11Q17 断片二九

1［…………］王［…………］2［…………］霊たち［…………］3［…………］彼らの不思議な［……］すべて［…………］3a［…………］聖の聖［…………］(1)4［…………］聖の聖［…………］5［…………］聖［………………］

11Q17 断片三〇(2)

1［…………］（余白）2［…………］七から3［…………］第七から［…………］4［…………］永久に聖なる者たちすべての王5［…………］の栄光の諸々の祝福の讃［美……］6［…………］七［…………］

11Q17 断片三二

1［…………］第五の［…………］2［…………］かれの聖性［…………］3［…………］王［…………］

11Q17 断片三五

1［…………］歓呼を聞くこと(3)［…………］2［…………］すべて［…………］

解説

本文書はヘブライ語で書かれた十写本が残っており、八つがクムラン第四洞窟（4Q400‐407）、一つが第十一洞窟（11Q17）、もう一つがマサダ（Mas1k）から発見されたものである。本訳は写本ごとではなく、ニューソムらによって校訂された十三の歌を訳出し、それから校訂版に含まれなかった諸断片の訳を写本ごとに配した（極小断片は訳出していない）。校訂版の底本は、Carol A. Newsom *et al.*, "Angelic Liturgy: Songs of the Sabbath Sacrifice", in J. H. Charlesworth (ed.), *The Dead Sea Scrolls: Hebrew, Aramaic, and Greek Texts with English Translations, Vol. 4B: Angelic Liturgy: Songs of the Sabbath Sacrifice,*（The Princeton Seminary Dead Sea Scrolls Project; Tübingen: J. C. B. Mohr; Louisville: Westminster/John Knox Press, 1999）138–189。その他の諸写本は、C. Newsom, DJD XI（1998）および F. García Martínez *et al.*, DJD XXIII（1981）を底本とした。訳出に際してはさらに James R. Davila, *Liturgical Works*（Eerdmans Commentaries on the Dead Sea Scrolls; Grand Rapids–Cambridge: Eerdmans, 2000）も参考にした。脚注内の略記 *SH-L* は、Peter Schäfer *et al., Synopse zur Hekhalot–Literatur*（TSAJ 2; Tübingen: Mohr Siebeck, 1981）を指す。

『安息日供犠の歌』は、大きく第一―五歌、第六―八歌、第九―十三歌の三つに区分でき、第七歌を中心に構成されている。第一歌は天における天使の祭司職について描く。第二歌は天使の祭司の尊さと人間の祭司の卑賤さを対比する。第三―四歌はほとんど残っていないが、第五歌には天における終末論的戦いが描かれている。第六歌は七人の天使の祭司長によって朗唱される賛美と祝福であり、七人の副祭司長による賛美と祝福である第八歌と対応

（1）3a行は行間ではなく行中への挿入。
（2）本断片は安息歌八に属する可能性がある。
（3）安息歌七35および一三三頁の注（16）参照。

する。この二つに挟まれている第七歌では、天使たちと擬人化された天上の神殿そのものに賛美が命じられる。第九―十一歌では、神殿の外側から神殿の垂れ幕、そして至聖所の中へと描写が進む。第十二歌は玉車と神殿を出入りする天使たちを描写する。第十三歌では天の大祭司の衣装が描かれる。

本歌は一年三百六十四日（五十二週）の太陽暦を前提しており、年初のちょうど四分の一である十三回の安息日に相当する。なぜ一年五十二週すべての安息日ではなく、最初の十三週だけなのかははっきりしない。

「安息日供犠の歌」というタイトルは、各歌冒頭の定型表現「安息日の全焼の供犠の歌」に由来するが、実際の神殿祭儀に際して歌われたというより、クムラン共同体の秘儀として朗唱されたと考えられる。本歌は天使たちの祭儀の描写であり、天使たちが歌うはずの歌そのものは書かれていない。自分たちの共同体を天の神殿祭儀と同化させることで、実際のエルサレム神殿の祭司たちに対する優位を自己認識するための儀礼であったと考えられる。

本歌では、七層からなる天が想定されており、それぞれに至聖所および天使の祭司長と副祭司長がいて、またそれぞれに玉車や玉座があると考えられていたようである。天使たちはさまざまな表現で言及されるが、メルキツェデクへの言及が確かならば、彼を天の大祭司とする『ヘブライ書』七章へと繋がる思想的系譜として位置づけられよう（メルキツェデク 11Q13 参照）。天の神殿の描写や象徴数七の強調は、『ヨハネ黙示録』との関係で興味深い。さらに、本歌は紀元前一世紀以前に作られたと考えられるが（古い写本は前七五―五〇年のもの）、同時代の黙示文学との共通点があると共に、『エゼキエル書』の解釈との関連で古代末期のユダヤ神秘主義（および部分的にグノーシス主義とも）との多くの類似点も見出される。ユダヤ神秘主義の思想的系譜はいまだ不分明な点が多いが、本歌はその源流に光を当てる可能性がある。

結婚儀礼 ……………………（4Q502）

上村 静 訳

内容——

男女にかかわる何らかの祝祭の儀礼。

グループI（断片一—一五）

断片一—三

1［……］識《し》っている人［……あなたたちが］加えるとき［……］2［……］神の掟［……
……］欠けているものに［……］3［……人］とその妻(1)［……］4［……］胤《たね》を作る(2)［……
……］これら［……］5［……］である［……聖］なる者たち、(3)彼は神に感謝する［……］
6［……］聖になることから［……］彼に真実の娘、(4)そして（彼女は）歩［き回る(5)……］7［……

……で］ある彼の恋人①［…………］のただ中で洞察と分別［…………］[8]［…………一］緒に、②［……］になること［…………］[9]［…………］の性交③［…………］そして彼はあがなう［…………］[10]［……義］の子ら④に［…………］この日に［…………］[11]［……ア］ロン⑤［…………］

断片四

[1]［…………］[2]［…………］彼の父［…………］[3]［…………一］緒にある喜［び⑥…………］[4]［…………］

[5]［…………］

断片五

[1]［…………］[2]［…………］かれがわ［れら］に命じたところ［の…………］[3]［…………］一緒に［……
…］[4]［…………］彼は歩き回る［…………］

断片六―一〇

[0a]［…………］イス［ラエル…………］[0b]［…………彼らは］感謝する［…………］[1]［…………］一緒に［………………］[2]［…………彼は］イスラエルの神［を祝福し］て、答えて言［う］[3]［…………祝福されよ、イスラエルの神…………］かれの名を讃える喜びの［時］⑦[4]［…………］彼らの大人たちと若者たち⑧[5]［…………］彼らの［……子］羊たちと山［羊たち⑨…………］われらの家畜の中に、そして這う物から[6]［…………］⑩われらの影の中を這う（物）、そしてわれらの［天の中を飛ぶ］鳥、われらの土地とその産物すべて[7]［…………⑪そしてすべ］ての木の実とわれらの水［…………］そしてその⑫諸々の深淵の水。われらすべては[8]イスラエルの神の名を［祝福

す］る、か［れは］われらの喜びのために祝［日をわれらに与え］、そしてまた[9]［…………諸々の感］謝の時節[13]［…

（１）あるいは「アダムとその妻」。創二25、三8、トビ八6-7参照。バビロニア・タルムード『ケトゥボート』８ａで、アダムとエバの創造は結婚の祝禱と結びつけられている。
（２）「子をもうける」の意。子をもうけることは祝福であり、特に結婚式の祝福と関係していた。
（３）「聖なる者たち」はこの時代のユダヤ文学では通常「天使たち」を指す。
（４）「真実の娘」という表現は他に用例はないが、「真実の（息）子ら」はクムラン共同体の自称として用いられる（共規 1QS IV 5, 6等）。
（５）「そして歩き回る」という復元は不確か。

（１）『雅歌』でのみソロモンの恋人への言及として、常に「わが恋人」という形で用いられている（一9、15、二2、10、13、四1、7、五2）。
（２）「一緒に」（ヤハド）、あるいは「（クムラン）共同体」。
（３）出二二10参照。
（４）「義（ツェデク）の子ら」は共規 1QS III 20ではクムラン共同体の自称。あるいは「ツァドクの子ら」と復元することも可能。
（５）「アロン」と「アロンの子ら」は、クムラン文書で祭司の指導権との関連でしばしば用いられる（共規 1QS V 21, VIII 5-6, 会衆 1QSa I 15-16, 23, ダマ CD V 17-18等）。
（６）あるいは「共同体（ヤハド）の喜び」。
（７）「時」（ケーツ）という復元は不確か。
（８）「彼らの」は「大人たち」にのみかかる。「大人たち」（*ʾšyšym*）は、本文書に十回用いられるが、他ではハバ・ペ 1QpHab VI 11からのみ知られる。「人」（*ʾyš*）の複数形か（イザ一六7 *ʾšyšy* とエレ四八31 *ʾnšy* を比較せよ）、あるいは「年寄り」（*yšyš*）とかかわるかもしれない。
（９）出一二5、レビ一10、七23等参照。
（10）この欠損部は断片六の一部だが、それを前の欄の終わりと取って、現在の文脈から離すと、5行目末から6行目前半は、「そしてわれらの影の中を這う這う物から」となる（*DSSSE*）。
（11）この欠損部も断片六の一部であり、この部分を除くと（前注）、6行目末から7行目前半は「その産物すべて、［そしてすべ］ての木の実」と繋がる。
（12）「その」は女性単数形。おそらく「深淵」の上を覆う「大地」（エレツ、アダマー、またはテベル）を指す。
（13）「時節」（*tᵉʿudah*）、あるいは「証し」。

……………］義の大人たちのただ中で [10]［…………］平和に［…………］神に感謝し、そして賛美する⑴ [11]［………

…］私にとって兄弟たち、⑵ 大人たち [12]［…………］彼らはわれらのただ中で［祝］福する。（余白）
[13]［…………］聖なる［…………］聖の［聖］なる大人たち⑶ [14]［…………今］日私は［…………］イスラエル
の神を［祝福する…………］ [15]［…………知］識の大人た［ち…………］ [16]［…………］になる［……時］節に⑷
われらは喜［ぶ］ [17]［…………］ゆえに［…………］ [18]［…………］

断片一四―一五

[1]［…………］ [2]［…………］ [3]［…………諸］々の時節、⑸ そしてま［た…………］ [4]［…………］の子らに命
じたイスラエルの神［…………］ [5]［…………］あなたの栄光［……］そして恵みの愛［…………］ [6]［………
…］息子たちと娘［たち…………］ [7]［…………］また［…………］ [8]［…………イ］スラエル［…………］
彼の父［…………］

（下端）

グループⅡ（断片一六―二一）

断片一六（1QS IV4-6と並行）

[1]［…………］業《わざ》［…………］ [2]［…………の上］に諸々の恵み［…………］ [3]［…………弁え］て慎重に歩む
こと［…………］ [4]［……世］界［……］。［そして］すべて［……］の報［い…………］

断片一九

1そして彼は彼と共に［聖者たち］の評議会(6)に座る［…………］2祝福の胤《たね》(7)、老人たちと老［女たち(8)…………若
者たち］3と処女たち、若年たちと乙［女たち(9)…………］4われらすべてと共に(10)一緒に(11)。そして私は、［わが舌は歓
呼する(12)…………］5そしてその後で［……］の人々は話す［…………］6［そして彼らは答えて］言う、祝福され
よ、［イスラエルの］神、［…………］7彼らの諸々の咎《とが》［…………］8［…………］

（1）「感謝する」「賛美する」は男性単数現在分詞形。主語は「私」か。
（2）「兄弟」は血縁、ユダヤ人同朋、ないし共同体のメンバー。
（3）あるいは「至聖所の大人たち」。
（4）あるいは「証しによって」。一七三頁の注（13）参照。
（5）あるいは「諸々の証し」。一七三頁の注（13）参照。
（6）「［聖者たち］の評議会」という復元は、詩八九8、感謝詩 1QH^{a} XII 26。あるいは「［聖の聖］の評議会」（共規 1QS VIII 5-6）。
（7）創二八4、イザ四四3、六一9、六五23、詩三七26、ヨベ二二25（= 4Q219 I ii 31-34）、共規 1QS IV 7 参照。
（8）ゼカ八4参照。本文書断片二四4も見よ。
（9）「老人たち……乙女たち」、エレ三一13、五一22、詩一四八12参照。
（10）「共に」（イム）は「そこに」（シャム）と読むべきかもしれない（Davila）。その場合は、「そこにわれらすべてと一緒に」。
（11）「一緒に」（ヤハド）、あるいは「共同体」。
（12）Baillet による欠損部の復元は賢者詩 4Q511 六三iii 1に基づくが、不確か。

断片二〇

1［……………］2［…………］日々の長［さ(1)…………］3［…………胎《たい》］の実《み》(2)に彼の［腹…………］4［……
……］そしてあなたは広げた(3)［…………］

断片二一

1［……………］すべての中に神［…………］2神（余白）［…………］3［…………］のただ中に一緒に［……
……］4イスラエル［…………］5［…………］の中に彼の嗣業《しぎょう》(4)［…………］

グループⅢ（断片二二―二四）

断片二二

1［……………］2［…………］彼らの栄光［…………］3［…………一緒の］喜びのために(5)［…………］
4［……………］この［日……］となること［…………］5［…………］

断片二三

1［……………］2［…………］3［…………］大人たち(6)［…………］4［…………彼］らは評議［会］に座る［…
……］5［…………］週［…………］

断片二四

1［……］すべての祝祭日［……］2［……］{その女、諸々の感謝}(7)。祝福されよ、イスラエルの神、
［……］かれは助けた［……］3［……］世々の民のただ中であなたの生涯(8)［……］4［……
そして］彼女は老人た［ち］と老女た［ち］(9)の評議会の中に立つ［……］5［……］平和の中にあなた(10)の
日々［……］6［……老］人たちのただ［中で(11)……］

（1）共規 1QS IV 7, トビ八7参照。
（2）創三〇2、申七13、二八4、11、18、53、三〇9、イザ一三18、ミカ六7、詩一二七3、一三二11、Ⅳエズ一〇12、ハバ・ペ 1QpHab VI 11-12, 結婚儀 4Q502 一六三3参照。
（3）「広げた」（*hwṣʿt*）と同語根の名詞は「寝台」を意味する。「寝床を整える」の意味かもしれない。ミシュナー『ケトゥボート』五5によれば、「寝床を整える」のは妻の義務の一つであった。
（4）「嗣業」（ナハラー）は、結婚契約書における重要な関心事の一つ。
（5）あるいは「［共同体（ヤハド）］の喜びのために」。
（6）一七三頁の注（8）参照。
（7）行間への挿入。「女」は「男」かもしれない。
（8）「あなた」はおそらく女性（花嫁？）。おそらく長寿を願っている。
（9）「評議会」における何らかの役職が想定されているとすれば、「長老たちと女長老たち」。
（10）「あなた」は男性（花婿？）。
（11）「ただ［中で］」という読みは不確か。

その他の諸断片

断片二七

1［…………］世々の霊たち(1)［…………］2［…………］〈いつもあなたに［仕える者た］ち〉［…………］夕《ゆうべ》と
朝《あした》［…………］3［…………諸々の月(2)］の旗(3)すべてと共に［…………］4［…………天の星］々と共に［……
……］5［…………］あなたの植えたもの［…………］

断片二八

1［…………］2［…………］知られているものたち［…………］3［…………］4［…………青］年た［ち(4)…
…………］

断片三〇

1［…………］祝福する(5)［…………］2［…………の］人［々…………］3［…………イス］ラエル［の神は祝
福されよ、かれは［…………］4［…………］そして祝福すること［…………］

断片三四

1［…………］妨げる［…………］2［…………］そしてわれらはここにいる［…………］3［…………］大
人たち(6)と女たち、そして祝福［する(7)…………］4［…………］

断片七六

1［……………］そして裁きから［……………］2［……………聖］なる祝祭日［……………］

断片九四

1［……………］の家の中に［……………］2［……………］そして讃える(8)［……………］3［……………］喜び［……
……］4［……………］来る者(9)［……………］5［……………］を［……………］6［……………］

---

(1) 安息歌七6参照。安息歌では天使たちを指す。

(2)「月」(ヤレァハ)は、天体の月を表すことが多い単語だが、ここでは暦の月を意味するものとして複数形に復元されている(読めるのは最初の二文字のみ)。次の「旗」が各月に仕える天使たちの組(の印)を意味しているのかもしれない。

(3)「旗」(デゲルの複数形)は、「組」とも「連隊」とも訳せる。日ごと祈 4Q503 七―九4および四一頁の注(10)、安息歌一二9および一四九頁の注(8)参照。

(4)「［青］年た［ち］」(ザアトゥートの複数形)。聖書には出ない単語。ダマ CD XV 16, 4Q266 八 i 8、戦い 1QM VII 3, 4Q491 一―三6、ハラ 4Q265 三3、結婚儀 4Q502 三一1参照。

(5) 複数形の現在分詞。

(6) 一七三頁の注(8)参照。

(7) 複数形の現在分詞。

(8) 複数形の現在分詞。

(9) 単数形の現在分詞(定冠詞つき)。

断片九五

1［……………］彼が愛する①［……………］2［……………］栄光［……………］

断片九六

1［……………］姉妹たち②のために2［……………］祝福されよ、［……の］神、3［……………］起きること4［……
……］そして彼は答えた5［……………の］喜びをもって6［……………］愛すること③

断片九七

1［…………かれは］彼らを祝［福する…………］2［……………］七日④［……………］3［……………］聖の聖［…
……］4［……………］聖の［聖……………］5［……………］かれの聖性［……………］

断片九八

1［……………］2［……………］彼の前にすべ［ての……………］3［……………］の喜びのために［……………］
4［……………］名の祝福［……………］5［……………］守ること［……………］

断片九九

1［……………］2［……………］ルラヴ⑤［……………］3［……………］平和［……………］4［……………］5［……
……］栄光［……………］6［……………］

断片一〇〇

[1][……………][2][…………聖]の聖[…………][3][…………]彼はわれらに喜[び]を示し[た………]
[4][…………]

断片一〇一

[1][……イスラ]エル[の神]、そして[彼らは]答[えた……………][2][……………][3][……………]祝福され
よ、[…………][4][…………]

断片一〇二

[1][…………]彼の日々が満ちて[…………]に入る[ように…………]

---

(1)「愛する」(*hbb*)は聖書では申三三3のみ。ラビ文献では求愛の意で用いられることもある。
(2)一七五頁の注(2)参照。
(3)前注(1)参照。
(4)「七日」が何を指すかは不明だが、本文書が扱っている祝祭の期日の可能性もある。七日にわたる結婚の祝祭について、創二九22-29、士一四10-18、トビ(BA)一一19、ヨセ・アセ二一8(6)、『ヤンネとヤンブレ』二六a1-2、ミシュナー『ネガイーム』三2参照。過越祭や仮庵祭などその他の祝祭も七日にわたるものが多い。
(5)ルラヴ(ここでは複数形)は、棕櫚(なつめ椰子)の若枝。仮庵祭の時に用いられる四種の植物の一つ(レビ二三40、ユディト一五12、ヨハ一二13も参照)。ルラヴという単語は聖書には現れないが、ミシュナーおよび『バル・コホバの手紙』では用いられている。もしこの読みが正しければ、本文書はこの語の最古の用例(但し、最初のラメドの読みは不確か)。

断片一〇五＋一〇六

[1]［……］彼らはイスラエルの神を祝福す［る……］[2]［……］そして一［緒］の喜び(1)［……］
[3]［……］永遠［……］

断片一〇八

[1]［……］[2]［……諸］々の感謝におけるあなたの栄［光……］[3]［……］その乙女の父(2)［…
…］[4]［……］

断片一六三

[1]［……］そしてイスラエ［ル……］[2]［……］その［よく］てまっすぐな［……］[3]［……
……］胎の実(3)の中に［……］

断片三〇五

[1]［……］会議［……］

断片三一一

[1]［……青］年たち(4)［……］

解説

結婚儀礼（4Q502）はヘブライ語で書かれた一枚のパピルスが三百四十四の粉々の断片になった状態で残されている。その多くはいくつかの文字が読み取れるだけである。このため、その内容を解釈するのはきわめて困難である。写本の年代は後一世紀初頭とされる（DJD VII）。最初の校訂者であるベイユは本文書を「結婚儀礼」と名づけたが、熟年夫婦の共同体への入会儀礼とする説（バウムガルテン）や（春の）新年の祝祭とする説（サトロー）もある。祝福の呼びかけと「喜び」が繰り返されることから、本文書が何らかの祝祭の儀礼にかかわることは明らかである。また、断片一六に『共同体規則』（1QS）が引用されていることは、本文書がクムラン共同体に由来するものであることを示唆する。何回か現れる「ヤハド」（「一緒」）という単語も「（クムラン）共同体」を指しているかもしれない。そうだとすれば、独身男性中心と考えられているクムラン共同体において、女性や胎や胤に頻繁に言及する本文書の位置づけはなおさら困難になるが、同時にまた、クムラン遺跡で発掘された女性や子どもの遺骨と共に、この共同体の性格について再考を促す文書となるかもしれない。

本訳には *DSSR* を底本としたが、訳に際しては DJD VII, *DSSE*, および James R. Davila, *Liturgical Works* (Eerdmans Commentaries on the Dead Sea Scrolls; Grand Rapids–Cambridge: Eerdmans, 2000) も参考にした。

（1）あるいは「共[同]体の喜び」。
（2）申二二16、19、士一九3-4、6、8-9参照。
（3）断片二〇3および一七七頁の注（2）参照。
（4）断片二八4および一七九頁の注（4）参照。

浄化儀礼

上村 静 訳

浄めの典礼（4Q284）

内容

浄めにまつわる儀礼についての規定。

断片一

[1-2]［……］[3]［……］の［週］すべての［安］息日(1)[4]［……の年と］その十二の新月[5]［……そして］一年の［四つの祝］祭日(2)、［……］の日々に。[6]［……］イスラエルのための感謝の規則[7]［……

（1）浄めB 4Q512 IV 三三＋三五1参照。安息日における浄めについては、ダマ CD X 10、IIマカ一二38参照。

（2）浄めB 4Q512 IV 三三＋三五2に基づく復元。

……聖］別するため（1）の汚《けが》れを祓《はら》う水（2）[8]［…………］寝て射精（3）[9]［…………］彼に［……］[10]［…………］（余白）
[11]［…………］ところの

断片二第i欄

（上端）

[1]［…………］彼は食べてはならない[2]［…………］彼が触れたものすべてに［………振りかけ］の水（4）で[3]［……
……そして］彼に七［日］が満ちた［とき……］[4]［…………］そして彼は［水で自分の］体を洗わねば
ならない（5）［…………］[5]［…………］

断片二第ii欄

[1]［…………］の汚《けが》れのゆえに彼らは［彼から］離れた［…………］[2]聖なる者たち、そして［……］ない［……
……］[3]七［日］間食事から（6）［…………］[4]七日目の陽の［出のとき………そして彼は答えて言う、］[5]「祝福さ
れよ、あなた、イスラエルの神（7）［…………］[6]弱り果てた［者たち（8）］のための平［和］の祝祭日（9）［…………］

断片三

[1]［…………］その諸時機の定めの諸時期［…………］[2]［…………七］日目の陽の出のときに（10）［…………］
[3]［…………］汚れを祓う［水……］そして彼は答えて言う、「祝福されよ、あな［た、イスラエルの神…………］
[4]［…………］あなたの民のために真実の浄めをあなたは刻み込んだ（11）［…………］[5]［…………］それらをもっ
て彼ら（12）の穢《けが》［れ］すべてから浄め［られること…………］

断片四

1［……………］2あなたの契約の子らのために(13)［……………］3あなたの真［実］の籤《くじ》において［……………］4そしてあなたの前に浄い者たち［……………］5［……］で死ぬ人間の魂のために［……………］6そして災いの時機にあるだろう［……………］

（1）浄めと聖別について、出一九10、14参照。
（2）「汚れを祓う水」、民一九9、13、20、21参照。
（3）レビ一五18参照。ここでは「汚れを祓う水」は、死体の汚れだけでなく、射精の汚れにも有効と考えられている。清潔B 4Q277一ii 9参照。
（4）「［振りかけ］の水」、浄めB 4Q512 XII一—六6–7参照。
（5）レビ一五13、16参照。
（6）浄めの期間における食事の規定について、ハラ 4Q514 一i–ii参照。
（7）浄めA 4Q414 二ii—四6、一一ii 2、一三8、結婚儀 4Q502 六—一〇3、日ごと祈 4Q503（頻繁）、浄めB 4Q512 VII二九—三二8、XII一—六1、XIII四〇—四一2、四八—五〇2、五一—五五ii 8照。
（8）詩六3参照。
（9）祭日祈 4Q509三2a、浄めB 4Q512 XI一七2参照。
（10）神殿 11QTa XLIX 19–20, L 4, 15参照。
（11）「刻み込む」（*ḥrt*）という動詞は、聖書では神によって刻まれた十戒の石板への言及において一度だけ用いられている（出三二16）。死海文書の用例は、共規 1QS X 6, 8, 11, 戦い 1QM XII 3, 感謝詩 1QHa26, 安息歌一5、15（4Q400一i 5、15）、一三14（＝4Q405一三ii 3）、賢者詩 4Q511六三—六四ii 3参照。
（12）あるいは「それら」。
（13）戦い 1QM XVII 8, 外典哀 4Q501 2, 7, 日ごと祈 4Q503七—九3、詩・外 11Q5 XXVIII 12参照。

断片五

1 […………] 聖なる 2 […………] 聖のために 3 […………かれは] その意思《みこころ》によってわれらを [分] けた 4
[…………] なお

断片六

1 […………] 浄め […………] 2 […………] 陽

断片七

1 [そして彼は答えて] 言う、「祝 [福されよ、あなた、イスラエルの神…………] 2 […………] あなたは彼らを浄め、高めた […………]

解説

本文書はヘブライ語で書かれた十の断片が残る（断片八―一〇は小さすぎて意味をなさないので訳出していない）。写本の年代は後一世紀である。本訳の底本は、J. M. Baumgarten, DJD XXXV（1999）。

本文書には、安息日や祝祭日、汚《けが》れを祓う水への言及があり、また浄めの後の賛美の言葉が記されているので、定められた期日の浄めの儀礼とかかわっているようである。ただし、きわめて断片的であるため、詳細は不明である。語彙および内容的に『浄めの儀礼』（4Q414、4Q512）との類似が指摘できる。

浄めの儀礼（4Q414, 4Q512）

内容

祭儀的不浄からの浄めに関する儀礼と指示。

4Q浄めの儀礼A（4Q414）

断片一第i欄

2［……］3［……］生の(1)［……］4［……（余白）?］5［……］

断片一第ii欄＋断片二第i欄

（上端）

1［……そして彼は祝福して答えて］言う、「祝福されよ、
2［あなた、イスラエルの神、……］かれの祭日のために(2)浄められた者たち(3)［……］
3あなたの光［……］あなたの［……］そしてあなたの意思《みこころ》によってわ

（1）Eshel は、民六3のナジル人についての規定に基づいて、「生のままであれ［干したものであれ、葡萄の］実［を食べてはならない］」と復元する可能性を示唆する。

（2）「祭日」（モエド）の原義は「定められた時期」。

（3）祝祭に参加するには浄めが求められた。民九6-13、サム上二〇24-26、代下三〇17-19、ヨハ一一55参照。

れらをあがなうこと[4]［……………］あなたの前に常に浄く［あること］[5]［……………］すべてのことにおいて私は知［らなかった］[6]［……………］前に身を浄めること[7]［……………］あなたはわれらを作った[8]［……………］

断片二第ii欄＋断片三―四（4Q512断片四二―四四第ii欄と一部並行）

[1]そしてあなたは［あなたの］聖なる諸々の掟①に従ってわれらを浄められる［……………］[2]第一、第三、そして第［七］のために②［……………］[3]あなたの契約の真実③において［……………］[4]［……………］の穢《けが》れから身を浄めること［……………］[5]そしてその後で彼は水に入り、［自分の体を浴し、そして祝福し］[6]て答えて言う、「祝福されよ、あ［なた、イスラエルの神……………］[7]なぜなら、あなたの口から出るものによって［すべての浄めは明らかとされるからである。］[8]［その罪責］に応じて汚れた人々④［すべてから分かれるために（?）、彼らは沐浴の水で浄められることはない……………］[9]［あなたの］意思《みこころ》の道［々……………そして私は］[10]あなたの名を讃える⑤［……………］[11]［……………］

断片七

（上端）

[1]魂［……………］[2]それ［……………］[3]あなたのために浄［い］民に［……………］[4]そして私も［……………］[5]［……………］の日［……………］[6]浄めの祝祭日に⑥［……………］[7]一緒に。⑦（余白）［……………］[8]イスラエルの浄さにおいて［食べて飲むこと……………］[9]［彼らの居］住［の町々において、そして聖なる民⑧になること⑨……………］[10]そして［……………］の日にある［……………］[11]女⑩と月［経⑪……………］[12]［……………］

断片八

（上端）

1［…………］なぜなら私は［…………］2［…………の祝祭日］にあなたの前［に⑿…………］3［…………
なること［…………］4［…………あなたの意《みこ》思《ころ》のあがない⒀［…………］

断片一〇

（上端）

（1）ダマ CD XX 30, 浄めB 4Q512 六四6参照。
（2）民一九19によれば、死体に触れて穢れた者は、三日目と七日目に穢れを祓う水を振りかけられ、七日目に沐浴するよう定められている。ところが、『神殿の巻物』によると、一日目、三日目、七日目に沐浴するよう定められている（神殿 11QT^{a} XLIX 16-20）。ここの「第一、第三、第七」もこの規定にかかわっているかもしれない。但し、これら序数に付けられている前置詞が「において」（ベ）ではなく、「ために」（レ）であることは説明しがたい。
（3）感謝詩 1QH^{a} VIII 25 参照。
（4）共規 1QS XI 14-15「人の汚れ」参照。
（5）ベン・シラ五一11、感謝詩 1QH^{a} XX 6, 浄めB 4Q512 II 三九 ii参照。
（6）「祝祭日」（モエドの複数形）。一八九頁の注（2）参照。
（7）あるいは「共同体」（ヤハド）。
（8）「聖なる民」、イザ六三18、ダニ一二7、戦い 1QM XII 1, XIV 12, 詩・ペ 4Q171 一 iii＋三―四 7-8、浄めB 4Q512 VII 二九―三二 2、XI 七―九 4参照。
（9）8-9行について、浄めB 4Q512 XI 七―九 3-4参照。
（10）浄めB 4Q512 VIII 一四 ii 1参照。
（11）清潔 4Q274 一 i 7に基づく復元。
（12）浄めB 4Q512 VII 二九―三二 6参照。
（13）「あがない」は通常キップーリーム（複数形）で表現されるが、ここでは単数形。浄めB 4Q512 XII 一―六 14、ハラ 4Q513 一―三 2、安息歌一 16（4Q400 一 i 16）参照。

1［…………］あなたの恵み(1)［…………］2［…………］

断片一一第ii欄

1彼の着［物を……］、そして水の中に［…………］2［…………］そして彼は祝福する。彼は［答えて言う(2)、「祝福
されよ、あなた、］3イスラエルの［神、］あなたは［…………］4［…………］のすべてからあなたの前に［……
……］5あなたの聖性［…………］6あなたは見棄てた［…………］7［…………］

断片一二

1［…………］2［…………あなたの］前を歩むこと［…………］3［…………そして］その日［に…………］

断片一三

（上端）

1なぜならあなたは私を作った［…………］2［あなたの］前で身を浄めるというあなたの意《みこ》［思《ころ》…………］3そ
してかれはかれのためにあがないの掟を起てた［…………］4そして［義］の浄さ(3)の中にあること［…………］
5そして彼は水で［浴］し、そして［……の］上に振りかける［…………］6［…………］そしてその後で彼は戻る
［…………］7沐浴の諸々の水(4)で彼の民を浄める［…………］8［…………］彼の立つ場の上に二度(5)。そして彼
は答［えて言う、「祝福されよ、あなた、イスラエルの神、］9あな［た］の栄光において［あな］たは浄［め］られた(6)
［…………］10［…………］世《よ》［々《よ》］に、そして今［日…………］

断片二七―二八(7)

1［そして男または女(8)が近づくとき……………そして彼は祝福して答えて言う、］2「祝福されよ、あ［なた、イスラエルの神、あなたは……………そしてあなたはわれらのために］3穢れたものと浄［いものの間を分ける(9)……………］4義の［浄さにおいて……………］

4Q浄めの儀礼B（4Q512）

第I欄

断片三九第i欄

1［……………］2［……………そして］その後で

（1）浄めB 4Q512 XIII(?)五六―五八6参照。

（2）他の同様の表現では、「祝福して答えて言う」（接続詞ヴェで結合）となっているが、ここでは「答えて」の前に接続詞が欠けている。

（3）浄めB 4Q512 XIII(?)四〇―四一5参照。

（4）浄めB 4Q512 XII 一―六5、四二―四四ii5、共規1QS III 5「沐浴の水」（単数）参照。ただし、ここでは「水」は複数形。

（5）浄めB 4Q512 VIII 二七3参照。

（6）共規1QS IV 5「栄光の浄さ」参照。

（7）本断片は並行箇所の浄めB 4Q512 XIII(?)四〇―四一に基づいて復元されている。

（8）「男または女」、出二一29、レビ一三29、38、二〇27、民五6、六2、申一七2、二九17、神殿11QT[a] LV 16参照。

（9）レビ一〇10、一一47、二〇25、エゼ二二26、ダマCD VI 17、XII 19–20、ハラ書4QMMT B 56–57参照。

第Ⅱ欄

断片三九第ii欄

[1]あがな［い］。そして私は［あなたの］名を讃［え］る⑴［…………］[2]なぜならあなたは私を浄め、そして私を導いた［…………］

第Ⅲ欄

断片三六―三八

[11]［…………］彼の着物を［…………］[12]［…………］すべての舌⑵［…………］[13]［…………］あなたのために、人［々］の評議会⑶［…………］[14]［…………］（余白）［…………］[15]［…………］（余白？）［…………］[16]［……………］[17]［…………］われらの肉の裸⑷すべてから［…………］

（下端）

第Ⅳ欄

断片三三＋三五

（上端）

[1]［…………］そして安息日の祭日⑸に関して、［…………］の週すべての安［息日］には[2]［…………そして……の］祭日［…………そして］四つの［……］祝祭日⑹[3]［…………そして］収《かり》［穫《いれ》］の祭日、〔そして夏（の祭日）⑺〕、そして第一⑻の月の初め[4]［…………］（余白）［…………］（余白）［…………］（余白）［…………］[5]［………

…］水で［…………］聖別すること(9) 6［…………］彼は［祝福して答え］て言う、「祝福されよ、あなた、7［……
……あなたの］憐れみに［…………］あなたの［……］8［…………］そして私［は…………］9［……
汚《けが》］れの中に［…………］10 浄さ［…………］11［…………］

第V欄

断片三四(10)

13［…………］14［…………］かれの民のただ中に(11)［…………］15［…………］罪責の隠れたこと［ご］とすべて
について(12)憐れみを請い求める(13)［…………］16［…………］あな［た］の［諸々の］業《わざ》すべてにおいて義《ただ》しい(14)［……

（1）浄めA 4Q414 二ii＋三―四10および一九一頁の注（5）参照。
（2）ゼカ八23参照。
（3）ダマCD XIV 10参照。
（4）「裸」（エルヴァ）、あるいは「陰部・恥部」。性的な「恥」や「卑猥」をも表す。浄めB 4Q512 VII 二九―三二9参照。
（5）「祭日」（モエド）。一八九頁の注（2）参照。安息日を祭日とするのはレビ二三2-3。
（6）クムラン共同体の使用していた太陽暦の四つの季節の最初の日である一月、四月、七月、十月の朔日。ヨベ六23参照。Baillet（DJD 7, 265）は『ヨベル書』に基づいて、「四つの［記念の］祝祭日」と復元する可能性を示唆する。
（7）〈そして夏〉は行間への挿入。共規1QS X 7参照。
（8）「第二」はアルファベット最初の文字アレフ。
（9）共規1QS III 9参照。
（10）およそ17行からなる欄の下方5行が残るので、第13行から番号が付されている。
（11）おそらく神の臨在を表している。
（12）意図せざる罪責について、レビ四27-28、五17-19、詩一九13参照。
（13）Baillet は「［わが］罪責の隠れたこと［ご］とについて［私は］憐れみを請い求める」という復元を提案する。
（14）ダニ九14、バルク二9参照。

……］ 17［…………］汚れの災いから(1)［…………］なぜなら［…………］

（下端）

第VII欄

断片二九―三二

1［…………］「祝福されよ、あ［なた、イスラエルの神、］2［…………］聖なる民(2)［…………］3［…………］過ち(3)［…………］4［…………］水［の中に］、そして［…………］5［…………］そして彼はそこで(4)［イスラエルの神を］祝福して［答えて言う、「祝福されよ、あなた、］6［イスラエルの神。そして私は……の］祭日(5)にあなたの前に［立つ…………］7［…………］あなたは私を［……］の浄めのために［…………］8［…………］そして彼の全焼《ぜんしょう》の供犠《くぎ》(6)［…………］。そして彼は祝福して答［え］て言う、「祝福されよ、あなた、［イスラエルの神、］9［あなたは］わが背きす［べてから私を救い］、そして汚《けが》れの裸(7)から私を浄め、〔そして〕［私が……に］入るよう(8)〔あがなった〕(9)［…………］10［…………］浄め［……］そしてあなたの意思《みこころ》(10)の全焼の供犠の血(11)と宥《なだ》［め］(12)の記憶［…………］11［…………］あなたの聖なる香炉(13)［と］あなたの意思《みこころ》の宥［め(14)…………］12-15［…………］16［…………］17［…………］わが罪［…………］18［…………］19［…………］義と［…………］20［…………の］裁きまで(15)あなたは罰さずにおく(16)［…………］イスラエル［……］21［「祝福されよ、］あなた、イス［ラエル］の神［…………の］あがないのために［……］22［…………］

第VIII欄

断片二一―二二

（上端）

1 ［……………］そして彼の手を与える(17)［……………］

2 ［…………そして彼に］満ちたとき(18)［…………］

断片二三

（1）浄めB 4Q512 VII 一-六16、詩・外 11Q5 XXIV 12 参照。

（2）浄めA 4Q414 七9 および一九一頁の注（8）参照。

（3）創四三12、ダマ CD III 5, 感謝詩 1QH^a X 21, 会衆 1QSa I 5, フロ 4Q174 一 i＋二＋二一 9、会衆 4Q249a 一 3 参照。

（4）第5-6行は Baillet の復元に従う。但し「そこで……祝福して」は「［かれの］名を祝福して」と復元することも可能（Davila）。

（5）一八九頁の注（2）参照。

（6）「全焼の供犠」は浄めの儀式の際に捧げられた（レビ一二6、8、一四22、31、一五15、30、民六11）。

（7）「汚れの裸」は直訳。「恥ずべき汚れ」の意。一九五頁の注（4）参照。

（8）おそらく浄めの後に聖所に入ること。詩六五3-5参照。

（9）⌈そして（あなたは）あがなった⌉は行間への挿入。

（10）おそらく「あなたの意思に適う」の意。次行も同様。

（11）王下一六15、神殿 11QT^a XXXII 15、ミシュナー『ゼバヒーム』一〇2参照。神の意思に適う（適わない）「全焼の供犠」への言及は、レビ二二18-19、イザ五六7、エレ六20参照。

（12）「宥め」（ニホァハ）は聖書では常に「宥めの香り」として言及される。

（13）「香炉」、エゼ八11、代下二六19、戦い 1QM II 5 参照。

（14）戦い 1QM II 5 参照。

（15）共規 1QS IV 20 参照。

（16）出二〇7、申五11、王上二9、エレ三〇11、四六28参照。

（17）「手を与える」は直訳。「手を差し出す」（握手）、「誓う」、「服従する」などの意で用いられる慣用句。王下一〇15、エゼ一七18、エズ一〇19、代下三〇8参照。

（18）共規 1QS VI 18, 21 参照。Baillet は一一 2に基づいて、「［そして彼の浄めの七日が彼に］満ちたとき」という復元を提案する。これは皮膚病の人が隔離される期間である（レビ一三4-6、21、26-27、31-34、一四8-9）。

[1]［…………］[2]［…………］かつての者［たち］⑴の諸々の［咎…………］[3]［…………］

断片二四―二五

[1]［…………］あなたの［…………］[2]［…………］多く⑵［…………］[3]［…………］喜びをもってあなたの名⑶［…………］[4]［…………］そしてこ［れら］のことの後で⑷［…………］[5]［…………］彼の髪の中に⑸［……………］[6]［…………］

断片二七

[1]［…………そして彼に］満ちたとき⑹［…………］[2]［…………］彼の体⑺［……］、そして［…………］[3]［……………そして彼は彼の］立つ場の上に立［ち⑻…………］[4]［…………］[5]［…………］

断片二八

[1]［…………私はあなたの］僕《しもべ》［…………］[2]［…………わが］舌は感謝する［…………］[3]［…………］あなたの前に［…………］[4]［…………］わが⑼⑽罪［…………］[5]［…………］見せること⑾［…………］

断片一五第i欄＋断片一六

[1]［…………］罪責の咎⑿[2]［…………］の諸々の水の中に[3]［…………］そして彼は浴す[4]［…………］彼に［……の］三における⒀[5]［…………］（余白）
[6]［…………］すべて[7]［…………］満たすこと[8]［…………］[9]［…………］その浄い[10]［…………］咎[11]［…

……そして彼はイスラエルの神を］そこで⑭［祝］福する[12]［…………］わが浄め⑮[13]［…………］そして後で

[14]［…………］

断片一四第ii欄

[1]女⑯［…………］[2]かれの意思《みこころ》において［…………］[3]真実［…………］

断片一五第ii欄

（1）直訳は「最初の者たち」。「父祖たち」の意。詩七九8、光体4Q504 V 四6参照。

（2）「多く」（*lrwv*）あるいは「争うこと」（*lryv*）。

（3）戦い1QM XIV 4参照。

（4）エズ七1、戦い1QM XVII 10, 4Q191 一二ii 19参照。

（5）「彼の髪の中に」（*bś῾rw*）、あるいは「その門において」（*bš῾rw*）、「……の諸々の門において」（*bš῾ry*）。「髪」の読みが正しければ、皮膚病の確認ないしその浄めとかかわり（レビ一三―一四）、「門」の読みが正しければ、太陽の動きと関係しているかもしれない（日ごと祈4Q503参照）。

（6）浄めＢ 4Q512 VIII 二一―二二2および一九七頁の注（17）参照。

（7）Baillet は、「［そして彼は］自分の体を浴し、そして［自分の着物をまとう］」という復元を提案する。浄めＢ 4Q512 X 一一3-4参照。

（8）ダニ八18、一〇11、ネヘ一三11、代下三〇16、三四31、三五10参照。

（9）あるいは「彼の」。

（10）あるいは「浄罪の供犠」（レビ一四19、22、31参照）。

（11）レビ一三7、14、19、57、一四35、マコ一43-44参照。

（12）レビ二三16、共規1QS V 15, ハバ・ペ1QpHab VIII 12参照。

（13）レビ一四10参照。

（14）あるいは「［……］の名を」。

（15）あるいは「私は浄めた」。

（16）浄めＡ 4Q414 七11、レビ一五33参照。

1［……］義［……］2［……］そして後で［……］3［……］浄い［……］

第X欄

断片一〇

（上端）

1［……］彼の穢れた漏出《ろうしゅつ》(1)［……］2［……］

断片一一

1［……］2［そして彼の］浄めの七日が彼に［満ちたとき(2)……］3［……そして］彼は自分の着物を［水］で洗い［、そして自分の体を浴し(3)……］4そして自分の着物をまとい、そして［自分の膝で］ひざまずき(4)［……］5イスラ［エ］ルの神［……］

第IX—X欄

断片一七

1［……彼は……神を］祝福する［……］2［……平］和の祝祭［日(5)……］3［……］あなたのために［……］

断片一八

1［……］2［……］彼の着［物］、そして彼は覆［う(6)……］3［……］喜びの中に［……

…］

第XI欄

断片七―九

（上端）

1［これらの事］すべてを［漏出のある者は行う…………］2彼が［彼の漏］出から浄められるとき［…………］イスラ［エルの浄］め、3そして食べて飲［むこと(7)…………彼らの］居住の町(8)［々において］4そして［聖なる］民になること(9)［…………］（余白）［…………］5［…………］（余白）［…………］

第XII欄

(1) レビ一五25、30、ダマ4Q266六i14-16、六ii1-4／ダマ4Q272一ii3-18、清潔4Q274、4Q277一1-13、神殿11QT[a] XLV 15-17, XLVI 18, XLVIII 15参照。
(2) レビ一五13、19、24、28参照。
(3) レビ一四9、一六26、28、一七15、民一九7、8、19参照。
(4) 代下六13参照。
(5) 浄め4Q284二ii6、祭日祈4Q509 I三2参照。
(6) レビ一三45、エゼ二四17参照。
(7) サム下一一11、王上一八42、エレ一六8、ヨブ一4、ルツ三3、コヘ五17、八15、ネヘ八12、浄めA 4Q414七8参照。
(8) 詩一〇七4、7、36、浄めA 4Q414七9参照。
(9) 第3-4行は、浄めA 4Q414七8-9参照。Baumgartenは、末尾を「［自分の妻］と共にいること」と復元することを提案する。その場合は浄めの後の妻との性交への言及と考えられる。

断片一―六

（上端）

[1]そして三日目に①「…………そして彼は祝」福して答えて言「う、「祝福されよ」、[2]「あな」た、イスラエルの神、
時「々の穢《けが》れに……の汚《けが》れ」から浄くなるよう「あなたは命じた」[3]「……あなたの意思《みこころ》のあが」ない②の中の魂「……」
聖なる灰③「……」[4]「…………」清浄の水④で「…………」永遠の板⑤に「……」[5]そして時々の浄めのための沐浴の
水⑥「…………」彼の着物「……」⑦そしてその後で「彼らは（?）」[6]彼を浄めるために〔振「りか」け〕⑧の水⑨を「彼に振
りかけ」、そしてすべてを⑩「…………」[7]そして「振りかけの」水を彼に「振」りかけた後で、「彼は祝福して答えて
言う、「祝福されよ、あなた、」[8]「イスラエ」ルの神、「われら」に「……を」あなたは与えた「…………」[9]そして
穢れの汚れから⑪「…………」そして今日「…………」[10]汚れ、あなたのために自らを聖別すること、⑫そして「…
……」世「々」に、なぜなら[11]「…………」汚れ、そして「誰もで」きない⑬「…………」あなたの栄光の
「日」々、⑭[12]そして契「約（?）……」かつての者たち、⑮そして「…………」彼らの罪責、そして「……」の上に「……」
[13]すべて「…………」そしてあなたは彼を聖別した「…………」[14]あな「た」の意思《みこころ》のあがな「い⑯…………」そし
てあなたは彼らを忌み嫌った「…………」[15]「…………」彼らの諸々の業と「……」を「…………」[16]「…………
…」汚れの災い⑰において、「…………から」分かれるために⑱[17]「…………」追い出され「…………」

（下端）

位置不明の諸断片

第XIII欄（？）

（1）民一九12、19、三一19および一九一頁の注（2）参照。本断片は死体に触れた者の穢れの浄めにかかわっている。
（2）浄めＡ 4Q414 八 4 参照。
（3）死体の穢れの浄めに使う、赤い雌牛を焼いた灰。民一九9、10、ヘブ九13参照。
（4）共規 1QS III 9 参照。
（5）「板」は複数形。「永遠の掟」（民一九10、21）、「天の板」（エチ・エノク一〇六19、ヨベ六17等）参照。
（6）浄めＡ 4Q414 一三 7 および一九三頁注（4）参照。
（7）Baillet は民一九19に基づいて、「彼の着物［を洗う］」という復元を提案する。
（8）「［振［りか］け］」は行間への挿入。この語は「振りかける」という動詞から派生する動名詞。ヘブライ語聖書に用例はないが、ラビ文献ではよく使われる。七十人訳（民一九9、13、20）およびウルガタ（民一九9）でも名詞が用いられている。
（9）「穢れを祓う水」（民一九9、13、21）参照。
（10）Baillet は民一九14に基づいて、「そして家にいるすべての者を」と復元することを提案する。
（11）レビ一八19、ハバ・ペ 1QpHab VIII 13, 戦い 1QM XIII 5, ベラ 4Q286 七 ii 4 参照。
（12）感謝詩 1QH[a] XIX 13–14 参照。
（13）「［誰もで］きない」という復元について、感謝詩 1QH[a] VII 27, XV 32 参照。
（14）「［日］々」は、ダマ CD III 14–15, 日ごと祈 4Q503 四 4、感謝詩 1QH[a] XX 25, 戦い 1QM XIII 8 の類似の表現から Baillet が復元した読み。安息歌六 51（4Q405 三 ii 8）、八 34（4Q405 一三 2）に基づいて「あなたの栄光のあ［われみ］」とする復元も可能。
（15）浄めＢ 4Q512 VIII 一三 2 および一九九頁の注（1）参照。
（16）浄めＡ 4Q414 八 4 および一九一頁の注（13）参照。
（17）浄めＢ 4Q512 V 三四 17 および一九七頁の注（1）参照。
（18）民一六21、申二九20参照。

断片四〇—四一（4Q414 二七—二八と一部並行）

（上端？）

[1]［…………］それによって穢れる［…………］[2]［そして］｛［男］または女が｝①近づくとき［………そして彼は祝福し］て答えて言う、[3]「［祝］福されよ、｛あなた｝、イスラ［エル］の神［…………そしてあなたは］われらのために[4]穢れたものと浄いものの間を［分け］た②［…………］[5]義の浄さ［において］あなたに仕［えること……………］そしてあなたの［よき］意思《みこころ》において③[6]［…………］（余白）[7]［…………］

断片四二—四四（4Q414 二—四と一部並行）

[1]［…………］[2]そしてその後で彼は［……］入り、［…………そして彼は祝福して答えて］[3]言う、「祝福されよ、［あ］なた、［イ］ス［ラエルの神…………なぜなら、］[4]あなたの口［から出るものによって］すべての浄めは明らかとされる［からである。…………］[5]彼らは沐［浴］の水で浄められることはない④。そして私は今［日………………］[6]［…………両］掌［……］そのとき［…………］

断片四八—五〇

[1]［………そして彼は祝福して］[2]答えて［言う、「祝福されよ、あなた、イスラエルの神…………］[3]聖な［る］民⑤［…………］[4]そして誰が⑥［…………］[5]そして陽が［沈んだ］後で今日⑦［…………］[6]あなたがわれらを［取って］あなたのために民としたように⑧［…………］[7]［…………］

断片五一—五五

1［……］2［……］と共に［義《ただ》］しい(9)［……］3［……］4［……］穢れた［……
……］5［……］あなたの栄光［……］6［……］7［……］彼は［自分の］着物を水で洗［い］(10)
［……］8［……］そして彼は祝福して答えて言［う、「祝福されよ、あなた、イスラエルの神［……
……］9［……］浄い者たち［と］聖なる［者たち］(11)［……］10［……］あなたは［あなたの］ために聖別
した［……］11［……］すべての氏族［……］12［……］汚辱［……］13［……］
14［……］昼間［……］15［……］

断片五六―五八

1［……］あなたは［……］の水で私を［浴］した［……］2［……］（余白）
3［……］聖所へ、そして彼は降りた［……］4［……］5［……］6［……］慈愛［…
……］7-9［……］
（下端）

（1）「男または女」（行間への挿入）、浄めA 4Q414 二七―二八 1および一九三頁の注（8）参照。
（2）浄めA 4Q414 二七―二八3および一九三頁の注（9）参照。
（3）あるいは「あなたの［民］への恩顧において」（詩一〇六4参照）。
（4）浄めA 4Q414 一三7および一九三頁の注（4）参照。
（5）一九一頁の注（8）参照。
（6）マラ三2参照。
（7）レビ一二7、申二三12参照。
（8）出六7参照。
（9）ヨブ九2、二五4参照。
（10）浄めB 4Q512 X 一一3参照。
（11）光体 4Q504 III 六16参照。

断片六四

[1-3]［…………］[4]［…………］その［日に…………］[5]［…………］あなた、イス［ラエル］の神［…………］[6]［…………］そして［あなたの聖］なる諸々の掟①［…………］[7]［…………］籤《くじ》によって罠にかかり［……………］[8]［…………］日、そして彼は浄め［る…………］

断片六五

[1]彼は滅ぼされ［る…………］[2]そして彼はすべての［悪］から立ち帰る②［…………］[3]［……］まで祈り［……………］[4]［…………］

断片六九

[1]［…………］[2]そしてあなたはわれらに［……］から離れるよう命じた［…………］[3]［…………］「祝福されよ［…………］[4]［…………］

断片七〇―七一

[1]［…………］あなたの僕［…………］[2]［…………］背きから［立ち］帰る者たち［…………］

解説

『4Q浄めの儀礼A』（4Q414）と『4Q浄めの儀礼B』（4Q512）は同じ文書の異なる版と考えられる。どちらの写本も裏面に他の文書が書き写されており（4Q414 の裏面は教訓 4Q415、4Q512 の裏面は日ごと祈 4Q503）、またどちらも粉々になっていて（4Q414 は三十六断片、4Q512 は二百三十二断片）、正確な内容を理解するのはきわめて困難である。原語はヘブライ語である。本訳においては、4Q414 は E. Eshel, DJD XXXV（1999）を、4Q512 は *DSSR* を底本とした。4Q512 については M. Baillet, DJD VII（1982）をも参照し、また両写本について、J. R. Davila, *Liturgical Works*（Eerdmans Commentaries on the Dead Sea Scrolls ; Grand Rapids-Cambridge : Eerdmans, 2000）も参考にした。

本文書は、祭儀上の不浄から人々を浄める儀礼とその指示を集めたものである。どの浄めの儀礼にかかわっているのか多くの場合不明であるが、4Q512 第XII欄断片一―六は死体に触れた者の穢れを赤い雌牛を焼いた灰で浄める『民数記』一九章の浄めとかかわっており、また 4Q512 第VII欄断片二九―三二は浄めの儀礼とかかわる全焼の供犠を扱っている。4Q512 第IV欄断片三三＋三五には、こうした儀礼が行われる時期がまとめられているようである。

本文書ではしばしば神への賛美が浄めの儀礼の一部として記されている（聖書の浄めの規定ではほとんど言及されない）。この賛美は、浄めを行う祭司ではなく、浄めを受ける当人によって唱えられたものと思われる。賛美の中では、「恵み」や「慈愛」「浄め」が願われるだけでなく、「罪責」や「咎」、また祖先たちの「罪責」についても言及されている。ここには聖書の懺悔の詩（詩五一篇、エズ九章、ネヘ九章など）との並行が見られる。

本文書は主に『レビ記』と『民数記』の規定に基づいているが、ただそれらの規定に従っているだけではなく、なんらかの解釈がなされているようである。『民数記』一九章19節によれば、死体に触れて穢れた者は、三日目と七日目に汚れを祓う水を振りかけられ、七日目に沐浴するよう定められているが、『神殿の巻物』によると、一日目、

（1） ダマ CD XX 30 参照。

（2） 共規 1QS V 1 に基づく復元。

三日目、七日目に沐浴するよう定められている（11QT[a] XLIX 16-20）。4Q414 断片二第 ii 欄―断片三―四（//4Q512 断片四二―四四第 ii 欄）および 4Q512 第 XII 欄断片一―六は、『民数記』の規定を『神殿の巻物』の規定に従って解釈している可能性がある。

本文書には「共同体」（ヤハド）や「評議会」（ソード）といった表現が用いられており、また太陽暦を前提としているようでもあるので（4Q512 第 IV 欄断片三三＋三五および一九五頁の注（6）参照）、クムラン共同体に起源を持つ可能性があるが、「聖所」（4Q512 断片五六―五八 3）への言及も見られることから、本文書が示す浄めの儀礼は当時のエルサレム神殿で行われていた儀礼とも無関係ではなかったかもしれない。

5Q（第五洞穴）

6Q（第六洞穴）

7Q（第七洞穴）

8Q（第八洞穴）

11Q（第十一洞穴）

整理番号・文書名一覧

＊整理番号順に文書名と対照する．右端の数字は，収録分冊．

CD　ダマスコ文書　①

1Q（第一洞穴）

1QH^a　感謝の詩篇　⑧
1QpHab　ハバクク書ペシェル　③
1QS　共同体の規則　①
1Q14　ミカ書ペシェル　③
1Q15　ゼファニヤ書ペシェル　③
1Q16　詩篇ペシェル　③
1Q17-18　ヨベル書(ヘブライ語)　⑤
1Q19+19bis　ノア書　⑥
1Q20　創世記アポクリュフォン　⑥
1Q21　レビの遺訓(アラム語)　⑥
1Q22　モーセの言葉　⑥
1Q23-24　巨人の書　⑤
1Q26　教訓　⑩
1Q27　秘義　⑩
1Q28a（1QSa）会衆規定　①
1Q28b（1QSb）祝福の言葉　⑨
1Q29　火の舌または
　　モーセ・アポクリュフォン　⑥
1Q32　新しいエルサレム　④
1Q33(1QM)　戦いの巻物　①
1Q34+34bis　祭日の祈り　⑨
1Q35　感謝の詩篇　⑧

2Q（第二洞穴）

2Q19-20　ヨベル書(ヘブライ語)　⑤
2Q21　モーセ・アポクリュフォン　⑥
2Q22　物語と詩的作品　⑥
2Q24　新しいエルサレム　④
2Q26　巨人の書　⑤

3Q（第三洞穴）

3Q4　イザヤ書ペシェル　③
3Q5　ヨベル書(ヘブライ語)　⑤
3Q7　ユダの遺訓(ヘブライ語)　⑥

4Q（第四洞穴）

4Q88　詩篇外典　⑧
4Q123　ヨシュア記敷衍　⑦
4Q127　出エジプト記パラフレイズ　⑥
4Q158　聖書パラフレイズ　⑦
4Q159　布告　②
4Q160　サムエルの幻　⑦
4Q161-165　イザヤ書ペシェル　③
4Q166-167　ホセア書ペシェル　③
4Q168　ミカ書ペシェル　③
4Q169　ナホム書ペシェル　③
4Q170　ゼファニヤ書ペシェル　③
4Q171, 173　詩篇ペシェル　③
4Q174　フロリレギウム　③
4Q175　テスティモニア　③
4Q176　タンフミーム　③
4Q176a　ヨベル書(ヘブライ語)　⑤
4Q177, 178　カテナ　③
4Q179　外典哀歌A　⑧
4Q180-181　創世時代　③
4Q182　カテナ　③
4Q183　終末釈義　③
4Q184　邪悪な女の策略　⑩
4Q185　知恵の言葉　⑩
4Q186　ホロスコープ　⑪
4Q196-199　トビト書(アラム語)　⑦
4Q200　トビト書(ヘブライ語)　⑦
4Q201-202　エノク書(アラム語)　⑤
4Q203　巨人の書(アラム語)　⑤

上村　静

1966年生まれ．専攻，ユダヤ学，聖書学，宗教学．94-98年，ヘブライ大学に留学．2000年，東京大学大学院人文社会系研究科基礎文化研究専攻宗教学宗教史学専門分野満期退学．2005年，Ph.D. 取得（ヘブライ大学）．現在，尚絅学院大学教授．

著書，『宗教の倒錯――ユダヤ教・イエス・キリスト教』（岩波書店，2008），『旧約聖書と新約聖書――「聖書」とはなにか』，『キリスト教の自己批判――明日の福音のために』，『国家の論理といのちの倫理――現代社会の共同幻想と聖書の読み直し』編著（新教出版社，2011,13,14），*Land or Earth? A Terminological Study of Hebrew 'eretz and Aramaic 'ara' in the Graeco-Roman Period,* (Library of Second Temple Studies 84; London-New York: T&T Clark, 2012)．訳書，P. シェーファー『タルムードの中のイエス』（共訳，岩波書店，2010），E. シューラー『イエス・キリスト時代のユダヤ民族史IV』（共訳，教文館，2015）．

死海文書　IX　儀礼文書

2018年 8 月30日　第 1 刷発行

訳　者　上村《うえむら》　静《しずか》

装幀者　菊地信義

発行者　中川和夫

発行所　株式会社 ぷねうま舎

〒162-0805　東京都新宿区矢来町122　第二矢来ビル3F

電話 03-5228-5842　　ファックス 03-5228-5843

http://www.pneumasha.com

印刷・製本　株式会社ディグ

©Shizuka Uemura 2018

ISBN 978-4-906791-83-5　　Printed in Japan

死海文書
全12冊

編集委員：月本昭男・勝村弘也・守屋彰夫・上村　静

Ⅰ	共同体規則・終末規定	松田伊作・月本昭男・上村　静 訳	
Ⅱ	清潔規定・ハラハー・神殿の巻物	阿部望・里内勝己 訳	
Ⅲ	聖書釈義	月本昭男・勝村弘也・山我哲雄 上村　静・加藤哲平 訳	
Ⅳ	黙示文学	月本昭男・勝村弘也・守屋彰夫 訳	
Ⅴ	エノク書・ヨベル書	守屋彰夫・月本昭男 訳	
Ⅵ	聖書の再話１	守屋彰夫・上村　静 訳	次回配本
Ⅶ	聖書の再話２	守屋彰夫・上村　静・山吉智久 訳	
Ⅷ	詩篇	勝村弘也・上村　静 訳	本体3600円
Ⅸ	儀礼文書	上村　静 訳	本体4000円
Ⅹ	知恵文書	勝村弘也 訳	
Ⅺ	天文文書・魔術文書	勝村弘也・守屋彰夫・上村　静 訳	
補遺	聖書写本・銅板巻物	勝村弘也 訳	

——— ぷねうま舎 ———
表示の本体価格に消費税が加算されます
2018年８月現在

ハンス・ヨナス　大貫　隆 訳

グノーシスと古代末期の精神　全2巻

第1部　神話論的グノーシス　A5判・566頁　本体6800円

第2部　神話論から神秘主義哲学へ　A5判・490頁　本体6400円

マーク・C・テイラー　須藤孝也 訳

神の後に　全2冊

Ⅰ　〈現代〉の宗教的起源　A5判・226頁　本体2600円

Ⅱ　第三の道　A5判・236頁　本体2800円

福嶋　揚

カール・バルト 破局のなかの希望　A5判・370頁　本体6400円

横地徳広

超越のエチカ　A5判・350頁　本体6400円

——ハイデガー・世界戦争・レヴィナス

荒井　献・本田哲郎・高橋哲哉

3・11以後とキリスト教　四六判・230頁　本体1800円

山形孝夫・西谷　修

3・11以後 この絶望の国で　四六判・240頁　本体2500円

——死者の語りの地平から

八木誠一

回心 イエスが見つけた泉へ　四六判・246頁　本体2700円

月本昭男

この世界の成り立ちについて　四六判・210頁　本体2300円

——太古の文書を読む

佐藤　研

最後のイエス　四六判・228頁　本体2600円

八巻和彦

クザーヌス 生きている中世　A 5 判・510 頁　本体 5600円

——開かれた世界と閉じた世界

鷲見洋一

一八世紀 近代の臨界　四六判・400 頁　本体 4300円

——ディドロとモーツァルト

坂口昌明

《魔笛》の神話学　四六判・240 頁　本体 2700円

——われらの隣人、モーツァルト

松田隆美

煉獄と地獄　四六判・296 頁　本体 3200円

——ヨーロッパ中世文学と一般信徒の死生観

坂本貴志

秘教的伝統とドイツ近代　A 5 判・340 頁　本体 4600円

——ヘルメル、オルフェウス、ピュタゴラスの文化史的変奏

海老原晴香・長町裕司・森　裕子 編

生命《いのち》の倫理と宗教的霊性　A 5 判・344 頁　本体 6400円

司　修 画・月本昭男 訳

ラピス・ラズリ版　ギルガメシュ王の物語　B 6 判・284 頁　本体 2800円

小川国夫

ヨレハ記 旧約聖書物語　四六判・624 頁　本体 5600円

小川国夫

イシュア記 新約聖書物語　四六判・554 頁　本体 5600円

山浦玄嗣

ナツェラットの男　四六判・322 頁　本体 2300円